ナッジ!?
自由で
おせっかいな
リバタリアン・
パターナリズム
REINTERPRETING LIBERTARIAN PATERNALISM
編著
那須耕介・橋本努
NUDGE!?
keiso sho

ナッジ!?

自由でおせっかいなリバタリアン・パターナリズム

目次

第3章　それでもアーキテクチャは自由への脅威なのか？……成原　慧　75

第4章　民主政は可能か？……大屋雄裕　100

合理性と「個人」の再設計

第5章　熟議をナッジする？……田村哲樹　125

［読みはじめる前に、まずこちらをどうぞ］

はじめに ナッジ!?　強制と放任のあいだで

那須耕介

駅のホームからの転落事故を防ぐにはどうすればよいだろうか？　たしかに、頑丈なホームドアを設ければほとんどの事故は防げるかもしれない。ただしその費用は一駅あたり四～五億円はかかるそうだ。土台が弱い場合には補強工事も必要だし、複数の路線が乗り入れる駅なら車両そのものを改造、変更して車両ドアの位置をそろえなければならない。

そんなわけでなかなか整備が進まないのが実情だが、このところ、関西の鉄道を皮切りにちょっとおもしろい試みが進められてきた。

事故の実態について調べてみたところ、ある統計によると、線路への転落、電車との接触事故の七割以上が酔客によるもので、なおかつそのうちの六割が、座っていたベンチから線路にむかってふらふらと歩き始めた結果だったという――まさに「酔っ払いあるある」！

そこでJR西日本をはじめ、いくつかの鉄道会社は、線路と水平に置くのが一般的だったベンチの向きを、線路と垂直に設置しなおしはじめた。詳細は不明だが、すでにはっきりと事故の数は減りはじめているという。あらゆる事故を一掃できるわけではないにせよ、圧倒的にわずかな費用で（一駅あたりの工費は数百万円だとか）、かなりの効果が見込めそうだ［SANKEI DIGITAL INC. 2017］。

別の例をみてみよう。八王子市は、前年度の大腸ガン検診受診者全員に無料で便検査キットを送付してきた。ただ、このやり方では未受診者は減らない。そこで、未受診者に「今年度大腸ガン検診を受診しなければ、来年度は便検査キットが送付されません」という文面のはがきを送ってみた。すると、「今年度大腸ガン検診を受診すれば、来年度も便検査キットを送ります」というはがきよりも、受診率が七・二％高くなったという［大竹・平井 2018, 109-110］。

また、ある大阪の大学生は、バイト先のコンビニで毎日大量に廃棄されるおにぎりを減らす工夫を考えた。通常、コンビニの商品は賞味期限の近いものから棚の手前に並べられるが、これを知っている客は奥から先に取っていってしまうのだ。そこで、賞味期限に余裕のあるおにぎりと賞味期限の近いおにぎりとのあいだに鏡の仕切り板を置き、品薄感を抑えつつ新鮮な商品が先に売れてしまうのを防いでみた。その結果、それまで一日あたり二〇個あまり捨てられていたおにぎりは、日に三〜四個の廃棄ですむようになった［三松 2018］。

1 「ナッジ」、生まれる

罰則を設け、コストを下げ（または利得を与え）、理を説いて合意を得れば、人の行動を変えることができる。しかしそのようなやり方が事実上不可能な場合や、あまり望ましくない場合、賢明とはいえない場合もあるだろう。「ナッジ（nudge）」――それとなくほのめかす、軽く誘導する、という意味の英語――は、そんなときにも人のふるまいを一定の方向に導くための手段につけられた名前だ。

これを制度設計や政策構想の技法として役立てようとする企ては、つい最近はじまったばかりである。その皮切りとなったのは、法学者のキャス・サンスティーンと経済学者のリチャード・セイラーが二〇〇八年に著した『実践行動経済学』［Thaler and Sunstein 2008］（原題はまさしく〝Ｎｕｄｇｅ〟）だ。彼らはナッジを「どんな選択肢も閉ざさず、また人々の経済的インセンティブも大きく変えることなく、その行動を予測可能な方向に改める選択アーキテクチャの全様相」［Ibid., 6］と定義した。豊富な実例を示しながら、二人は、これを使えば人の生活上の選択の自由をほとんど狭めずにより賢明な方向に導ける、と説いたのだ。

彼らの主張はこうである。行動経済学の知見によると、私たちの思考過程は反射的・習慣的な自動システム（「深く考えない自分」としてのシステム１）と反省的・理性的な熟慮システム（「よく考える自分」としてのシステム２）からなっており、日常の行動の大半は前者の産物である。そこにはいくつかの決まった傾向があって、その影響から私たちはしばしば同じような失敗をくり返してしまう。ナッジとはこの「深く考えない自分」の習性を利用するか、「よく考える自分」を目覚めさせる方法だ。適切な場面に適切なナッジを仕掛ければ、強制や金銭の力に頼ることも、理性的な説得に訴えることもなく、ありがちな失敗を防ぎ、合理的で望ましい行動をうながすことができるだろう。

　この着想はまもなく各国の政府に採用され、消費者保護、環境、健康、労働、金融・保険、治安・安全等々にかかわる法制度、公共政策のなかに組み込まれていった。

　米国ではオバマ政権がサンスティーン本人を迎え入れて「社会・行動科学チーム（ＳＢＳＴ）」を結成し、この知見を健康や環境等のさまざまな政策に組み込んだ。英国では「行動インサイト・チーム（ＢＩＴ）」が、フランスでは「ナッジ・フランス」が政府の肝煎りで組織された。デンマークのシンクタンク「アイナッジユー（iNudgeyou）」は、各国政府や企業などの民間組織にさまざまな課題へのナッジ的処方を提供し、またセミナーを開いてその技法を伝授している。日本では二〇一七年、環境省を軸に「日本版ナッジ・ユニット（ＢＥＳＴ）連絡会議」が設置され、実施を見据えた検討が開始されたし、二〇一八年秋には、経済産業省もナッジによる「国民１人１人の『賢い選択（スマート・チョイス）』」の支援を掲げる「二〇五〇経済社会構造部会」を設けている。

2 わきあがる不安と不信

しかしその独創的で奇抜な着想ゆえに、ナッジは多くの実務家、研究者を魅了するいっぽうで、数々の懸念や批判をも招いてきた。

矛先の一つはその有効性にむけられている。強制や経済的な動機づけ、理性的な合意に訴えずに、人の反射や習慣を利用するだけで多数の人びとの行動を改めるなどということがほんとうにできるのか。ナッジの効果はごく一時的だという報告もある。真に実現すべき目的ならもっと確実な方法をとるべきだし、そうでないなら余計なお節介は控えるのが自由社会の原則ではないのか。また、人の行動を「改善」するといっても、どんな尺度でそれをはかるのか。人びとのどんな行動に（自力では改善できない）非合理性、過誤、失敗を認めて、どんな方向に誘導を試みるのか。ナッジが前提にする合理性の基準とはなんだろう。それはだれが、どのようにして、何を根拠に選びとるのか。

基準への疑いは、ナッジ的干渉の道徳性への疑いも呼びさます。それは結局のところ、人を機械仕掛けの人形とみなして陰から操ることになってしまわないか。そのようなやり口は、どんなに望ましい目的のためでも、許されないのではないだろうか。そもそも、ナッジが適切な目的のために役立てられる保証はどこにもない。もし当人に自覚されず、したがって批判も抵抗も被らずに他人を操れるというのなら、これを悪用して他人の上前をはね、私腹を肥やす者が現れても不思議ではないだろう。ナッジの設計者は、ほんとうに人びとのためになるナッジを考案してくれるのだろうか（それはむなしい期待なのだろうか）。

たしかに、一見もっともな理由から採用されたナッジでも、見方によっては不安や反発を招きそうなものは少なくない。

喫煙が本人や周囲の人に及ぼす害が力説されるようになって久しいが、これを全面的に禁止し、犯罪化しようという動きはまだあまり進んでいない。そのぶん、官民を問わず驚くほど多彩な規制策が試みられていることには、多くの人が気づいているだろう。職場や飲食店、宿泊施設、交通機関や繁華街などでは、たんに禁煙ルールが条例等で定められるだけでなく、販売機が減らされ、喫煙所が不便な場所に追いやられ、灰皿が撤去され、ブレスケアの励行が求められている。年齢や場所を制限するだけでなく、喫煙を控えさせるための手法にもあらゆる技巧が凝らされるようになっているのだ。

これらおなじみの禁煙ナッジにくらべ、日本ではまだあまり進んでいないのがタバコのパッケージ上の警告だ。かつての控えめな「健康のため吸いすぎには気をつけましょう」の表記に比べると、たしかに表現もサイズも強調されるようになったものの、警告はまだ文字によるものにとどまっている。海外では真っ黒な肺や巨大な腫瘍、ぼろぼろの歯茎のカラー写真がパッケージ全体を覆うように示されていることもめずらしくないが、日本では検討の結果、あまりに不快で恐ろしい、という理由でこの種のグロテスクな画像の使用は見送られたという。強制しなければ押しつけがましさもなくなる、というわけではない。これは「やりすぎナッジ」の一例といえるかもしれない［朝日新聞 2019］。

3 この本のもくろみ

とはいえ、やみくもに不信や不安を煽ることがこの本のねらいではない。むしろいま必要なのは、ナッジという道具の欠点を十分にわかったうえで、その実害を防ぎ、メリットを活かす道を探ることだろう。盲目的な楽観に浮かれるのも愚かだが、危うさに怯えるあまり安易に角を矯めて牛を殺すようであってはならない。

理由は二つある。まず、ナッジという技法はすでに——その名が与えられるずっと前から——広く活用されており、今後しばらくはその普及と巧妙化が進むと予想されるからだ。おそらく、これまでもこれからも、ナッジのない世界はありえない。私たちに選べるのは、たちの悪いナッジがまかり通る世界か、比較的ましなナッジが生き残るように工夫された世界かのどちらかだ。すぐれた技術は道徳的な心構えだけで抑え込むことはできない。勘所をとらえて飼いならす必要がある。

第二に、それが現代福祉国家の苦境に応えるものであるからだ。慢性的な財政難と社会的分断に苦しめられる現代国家は、それでもなお膨大な「社会問題」への対応を迫られ続けている。ナッジという安価で強権性のうすい政策手法は、より「スマートな」統治技術を模索する多くの政府にとって、格好の切り札に映るにちがいない。サンスティーンは、ナッジを彼のリバタリアン・パターナリズムを推し進めるための手段として構想してきたが、これが新自由主義からの福祉国家批判を念頭においていることは明らかだろう。そのかぎりでは、ナッジの可能性とその限界を見定めることは、福祉国家の未来を占うことにもつながるはずである。

このような観点から、本書はナッジという技法とその背後にあるリバタリアン・パターナリズムの思想の意義と問題点を、批判的に、しかし悲観的になりすぎないように検討してみたいと考えている。そのために以下では、ナッジとリバタリアン・パターナリズムの思想史的な来歴と今日の理論的達成、そして将来への実践的展望という三つの柱を軸に考察を進めることにしよう。

新しい旗印と用語を掲げて展開される思想は、しばしば、まるで過去の思想的文脈とは無縁の孤立した企てのように見えてしまうことがある。しかしどんな先端的な思想も、どこかでかならず従来からの理念や問題関心、概念を共有し、批判的に再利用しているはずだ。私たちはまず、サンスティーンのはじめた企てが、旧来の法思想や政治思想とどこでつながり、どこで真に新しい一歩を踏み出していたのかを見極めておく必要があるだろう。

他方、ナッジをめぐる今日の議論は、すでにサンスティーン一人の関心や思惑をはるかに越えた広がりを示している。それはもはや、彼の視点を一部に含んだ、巨大な議論プラットフォームだ。そこでは、従来の法思想や政治思想だけでなく新旧の社会科学や哲学にかかわる多様な論争が繰り広げられており、その交錯のなかからは、これまで試みられてこなかった新たな理論的冒険の余地が大きく切り開かれつつあるのである。

そして何よりも、ナッジの理論はたんなる机上の議論にとどまることをよしとしない、実践への強い関心を原動力としてきた。それは、これからの私たちの経済、政治、社会的な生活をどんなふうに塗り替え、広げていくのだろうか。またそれは、どんな価値理念、規範構想に導かれるときに、その本領を発揮するのだろうか。すでに実際に世界各国で膨大な実験が重ねられてきたことは前述のとおりだが、今後、私たちの構想力が最も試されることになるのはこの領域かもしれない。

これまでナッジ論、リバタリアン・パターナリズム論は、国家の統治や企業のマーケティングといった文脈で語られ、批判されることが多かった。しかしその真価をとらえるには、そのような枠組みに縛られることなく、いっそう広い視野からこれを検討する必要があるだろう。だからこそ、政府や企業のなかで不特定多数の人びとを一方的に「ナッジする」ことをなりわいとする人だけでなく、「ナッジされる」側の人、顔の見えるもっと狭い範囲の人間関係――家族や地域、学校や職場など――のなかでたがいに「ナッジしあう」必要に迫られている人たちにも、本書を手にとっていただきたいと考えている。

この本がナッジの世界へのささやかなナッジになりますように！

文献

Grynbaum, Michael M., 2014, "New York's Ban on Big Sodas Is Rejected by Final Court". *The New York Times*, The New York Times, 26 June 2014, www.nytimes.com/2014/06/27/nyregion/city-loses-final-appeal-on-limiting-sales-of-large-sodas.html.

SANKEI DIGITAL INC.2017「【関西の議論】ベンチの向きを90度変えるだけ！　鉄道会社〝悩みのタネ〟…酔客のホーム転落事故は防げるのか」産経ニュース、pub01, 14 Sept. 2017, www.sankei.com/west/news/170914/wst1709140003-n1.html.

Thaler, Richard H. and Sunstein, Cass R., 2008, *Nudge: Improving Decisions About Health, Wealth, and Happiness*, Yale University Press (Revised and Expanded Edition, Penguin Books,2009)［遠藤真美訳 2009『実践行動経済学――健康、富、幸福への聡明な選択』日経ＢＰ社］

朝日新聞 2019「強烈たばこ警告、日本では？　「過度の不快感」与える画像見送り」朝日新聞二〇一九年一月三〇日夕刊

大竹文雄・平井啓 2018『医療現場の行動経済学――すれ違う医者と患者』東洋経済新報社

三松孝嘉「おにぎり、サンドウィッチ等の食品ロスを減らす仕掛け」仕掛学研究会のホームページ、二〇一八年三月一三日 http://www.shikakeology.org

第1章

自己決定権は生き残れるか？

「たしかにその一口でブタにはならないけれど」

若松良樹

わかまつ・よしき　1958年生まれ。学習院大学法務研究科教授。法哲学。著書に『センの正義論』（勁草書房、2003年）、『自由放任主義の乗り越え方』（勁草書房、2016年）、訳書にアマルティア・セン『合理性と自由（上下巻）』（共監訳、勁草書房、2014年）、共編著に『功利主義の逆襲』（ナカニシヤ出版、2017年）、『政治経済学の規範理論』（勁草書房、2011年）ほか。

1　肥満が止まらない

アメリカにおける肥満が止まらない。まずは、肥満を定義しておこう。肥満を示す指標としてアメリカを含め、多くの国で用いられているのがBMIである。BMIとは、キログラムで表示した体重をメートルで表示した身長の二乗で割った数値のことである。アメリカにおいては、この数値が二五を超えると肥満（過体重）、三〇を超えると重度の肥満と判定される。以下では、BMI三〇以上の重度の肥満に限定して考察を進めることにしよう。

データから

肥満は従来、個人の節制の問題としてとらえられ、かならずしも政府が対応すべき問題であるとは理解されてはこなかった。しかし、アメリカにおける肥満は個人の問題として放置するにはあまりに多くの問題を引き起こしている。

この問題にキャス・サンスティーン［Sunstein 2005：邦訳 252-253］がとりくみはじめた際に依拠したのは二〇〇〇年以前のデータであり、このデータにもとづいて、彼はアメリカにおける成人の肥満率が二〇％に接近しつつあることを憂慮し、政策的な対応の必要性を強調していた。その後、肥満に対する社会的関心は増大しているにもかかわらず、現在でも肥満の問題は悪化しつづけている。二〇一五年から二〇一六年にアメリカ連邦政府が行った調査（https://www.cdc.gov/obesity/data/adult.html）によれば、アメリカにおける成人の肥満率は、実に三九・八％へと倍増しているのである。この数字は、ＷＨＯの二〇一六年調査にもとづくと、日本の肥満率の九倍にも達する深刻なものである。

このように、肥満は個人の問題として処理するにはあまりに多くの問題を引き起こしながら、悪化しつづけている。ここまで問題が深刻化すると、さすがに「自由の国アメリカ」においても、なんらかの仕方での政策的な対応が必要であるという認識が広まりつつある。

たとえば、地方の条例レベルでは、加糖炭酸飲料のサイズ規制など、肥満の抑制を目的とした規制が実施されている。さらに、連邦レベルにおいても肥満問題はオバマ政権の重要課題と位置づけられ、ミシェル・オバマ夫人を中心として、「レッツ・ムーブ」という肥満撲滅キャンペーンが行われ、子どもの肥満を防止することを目的とした学校給食に対する規制などに結実した。

もちろん、このような政策に対しては、肥満はそもそも政府が関与すべき問題であるのかという点も含めて、原理的な批判も少なくない。さらに、政策レベルでもバックラッシュは起こっており、トランプ政権はオバマ政権が行った学校給食に対する規制を撤廃した。このように、肥満は決着がついた問題などではなく、現在でもさかんに議論がなされている現代の政策論争の焦点の一つである。

リバタリアン・パターナリズムの衝撃

肥満防止政策をめぐる論争の背景の一つは、自己決定権かパターナリズムかという理論的対立である。自己決定権を強調する人たちは、自由の国アメリカにおいて、市民の食べ物、飲み物に対して政府が口出しすべきではないと、肥満防止を目的とした規制を批判する。

自己決定権は、多くの領域において重宝され、多くの制度設計の前提とされてきたものである。しかし、それとともに（あるいはそうであるがゆえに）、その基礎となっている個人の選択の合理性という想定が脆弱であることを指摘する理論も少なくなかった。

数多ある自己決定権批判のなかでも、サンスティーンによる批判と彼が提示したリバタリアン・パターナリズムという代案は、画期的なものとして、広く受け止められている。それは、サンスティーンが、個人の合理性という想定の脆弱さを、行動経済学の実験結果を手がかりに暴露し、「自己決定権」という概念に対して、致命的な一撃を与えているからであろう。その結果、原理的なレベルにおいても、従来の自己決定権かパターナリズムかという議論の設定から、個人の選択と利益とを両立させるリバタリアン・パターナリズムへと議論の設定が変更されつつある。

さらに、政策レベルにおけるリバタリアン・パターナリズムの魅力は、従来のパターナリズムが有していた「上から目線」を極力排し、法的な規制や経済的インセンティブとは異なったナッジというソフトな規制手法を提示している点にも存するだろう。肥満問題という現実は、従来の規制手法が有効ではないことを示していると考えるならば、新しい規制手法を開発していく必要がある。

そして、ナッジは行動経済学や社会心理学の知見に基礎を有する多様な規制手法を提示しており、今後の政策手段を拡充した点で、評価に値するものと思われる。

二つの道

サンスティーンの功績の一つは、行動経済学の知見に依拠して、個人の選択が、それが行われる環境次第で変化してしまう不確定かつ不安定なものであり、環境ぬきで自己決定権を主張しても無意味であることを示した点にある。それでは、そこから先、私たちはどこに向かうべきなのか。サンスティーンの主張するように自己決定権をそのままで神聖視するわけにはいかないとするならば、自己決定権は生き残れないのだろうか。

私たちの前には、少なくとも二つの道が存在しているように見える。第一の道は、個人の選択に対しては信頼を寄せず、個人の利益を尊重する方向へとむかう道である。たとえば、消費者主権という観念について考えてみよう。「消費者主権」とは、消費者の側が主体的に製造者・流通業者を選択する権利を有しているという観念である。消費者主権に対しては、広告などを通じて、企業が消費者の選好を操作しているという批判が昔から存在する。この批判が正しいとするならば、操作されているかもしれない消費者の選好を尊重することは、かならずしも消費者の利益を尊重することにはつながらない。

同様に、さまざまな場面において個人の選択が実際に操作されているとするならば、個人の利益を保護するためには、たんに個人の選択を尊重するだけでは足らない。むしろ、政府もまた、企業に対抗して、個人の選択を操作すべきではないだろうか。ただし、企業による操作と政府による操作とは、めざす方向において異なっている。すなわち、企業による操作が企業の利益をめざして行われるのに対して、政府による操作は、市民の利益の保護をめざして行われるべきである、というのである。

第二の道は、選択の環境を整備する方向へとむかう道である。この考え方にもとづくならば、選択をその環境と切り離して神聖視することはまちがっているかもしれないが、個人の選択を完全に操作の対象とすることもまちがっている。むしろ、個人の選択が有意義なものとなるような仕方で環境を整備すべきである。適切な環境においては、個人の選択は信頼に値し、自己決定権も尊重されるべきである、というのである。

この二つの道の相違を最も明確に示すものは、自己決定権の扱いであろう。第一の道においては、個人の選択は操作の対象ではあっても、わざわざ自己決定「権」というかたちで尊重したり、保護したりするだけの価値を有するとはみなされないだろう。他方、第二の道においては、「適切な環境において」という条件づきではあるが、個人の選択は尊重されるべき価値を有するものとして扱われるだろう。

それでは、これら二つの道のうち、リバタリアン・パターナリズムはどちらにむかうのだろうか。この点において、サンスティーンの立場は、それほど明確ではないように思われる。その理由の一つは、サンスティーンが、「完全には理論化されていない合意」［サンスティーン 2012: ch.3］を重視するなど、理論だけで問題にとりくもうとする頭でっかちな態度を否定し、明確な実践重視の立場を示している点に求められよう。つまり、理論の面では完全な意見の一致をみることは困難であるので、実践の面での合意を重視し、その背景となっている理論を深掘りして、空中分解することを避けるべきであるとの発想である。

ただし、完全には理論化されていない合意は砂上の楼閣のようなものであり、表面的な合意から政策の方向へと一歩足を進めようとするとき、カッコに入れておいたはずの理論上の不一致が表面化する危険も存在するという点には留意が必要である。

たとえば、Aという理論を信奉する人とBという理論を信奉する人とのあいだで、肥満問題に対して、政策的な対応が必要であるという点で、完全には理論化されていない合意が成立しているとしよう。しかし、両者はいかなる力の影響もなく、二つの道の分岐点に立ち止まって、どちらに進むべきかを自由に思案しているわけではない。実際には、両者は、それぞれの理論が有している磁場のなかで、一定の引力や斥力を受けながら、たまたまこの分岐点に立ち至ったのである。したがって、自分の信奉する理論のもつ引力や斥力によって、両者の政策上の選択は一定の方向へと影響を受けるものと思われ、両者のあいだに成立していた完全には理論化されていない合意は、政策についての議論を行う際には崩れ去る可能性が高い。

したがって、私たちは理論の影響を無視すべきではない。本章は、理論の引力や斥力を勘案するならば、リバタリアン・パターナリズムが第一の道へと傾きがちであるが、肥満という問題を真剣にとらえるならば、リバタリアン・パターナリズムの磁場から逃れて、第二の道をめざすべきである、と主張するものである。

2 肥満の原因は何か？

ある問題を解決しようとするならば、当然のことながら、その問題がどのような性質を有するかを見定めなくてはならない。問題の見立てがまちがっていれば、その問題を解決するための処方箋も的外れなものとなりがちである。このことは肥満問題にもあてはまる。そこで、サンスティーンの見立てを確認することからはじめよう。

ホモ・エコノミクス仮説批判

まずは、サンスティーンが肥満問題を議論する際の理論的な背景を確認しておこう。サンスティーンによれば、個人の選択を尊重すべきであるという自己決定権の擁護者は、「人びとは選択にあたり、良い選択ができる」[Sunstein 2005: 邦訳 252] という推定に依拠していることが多い。[★1] この推定は、しばしば「ホモ・エコノミクス仮説」とよばれ、人間は自分の利益を最大化するように行動するものだし、そのように行動することが合理的であるとも主張している。ホモ・エコノミクス仮説は、経済学などを経由して、多くの政策的な議論の根底をなしている。

ホモ・エコノミクス仮説は、自己決定権を擁護するだけでなく、パターナリズムを強く批判するであろう。というのも、ホモ・エコノミクス仮説は、個人が自分の利益のみにかかわる問題の選択に関しては、「少なくとも第三者が行うよりもずっとうまくできる」［Ibid.: 邦訳 252］とも主張しているからである。もし自分の問題に関しては、政府を含めた第三者よりも当人のほうがうまく選択できるのであれば、当人の自己決定に任せておけば、当人の利益が実現されるという意味でよい結果がもたらされるはずである。そうであるならば、当人よりもよい決定ができるとはかぎらない政府が当人の利益を保護するためにという名目で個人の選択に介入するパターナリズムは、まちがっていることになろう。

このように現在の政策論議において重要な役割を担っているホモ・エコノミクス仮説ではあるが、サンスティーンによれば、この推定を支持する「経験的な証拠はほとんどない」［Ibid.: 邦訳 252-253］のである。彼はホモ・エコノミクス仮説が失敗している証拠として、アメリカにおける肥満問題を取り上げる。重度の肥満が、心臓発作、ある種のがん、二型糖尿病などさまざまな病気の引き金になることはよく知られている。そのために支出しなくてはならない医療費も莫大である。したがって、少なくとも何人かの肥満の人たちは健康に有害な選択をしているのであり、「すべて、もしくはほとんどのアメリカ人は最適に食事を選択している」と想定するホモ・エコノミクス仮説はまちがっている、というのである。

遺伝と社会的環境

ここで留意すべきなのは、肥満が人間の非合理性の証拠であると理解することによって、暗黙のうちに、サンスティーンは肥満が個人の選択の問題であると想定しているという点である。しかし、ほんとうに肥満は個人の選択の問題なのだろうか。

まず強調しておかなくてはならないのは、肥満の原因は多様であり、たった一つの原因に限定することはできないという点である。第一に、肥満の原因の一つとして、遺伝子の影響を強調するのが「倹約遺伝子仮説」である［颯田 2011］。倹約遺伝子仮説によれば、人類は多くの時代において、食糧を手に入れるのが困難な飢餓環境に生きてきた。そのため、摂取した栄養を効率よく利用し、余分があれば脂肪というかたちで貯蓄しておく能力を有していること、すなわち倹約遺伝子を有することが、みずからの生存の可能性、子孫を残す可能性を高めるうえで、有効な戦略であった。しかし、ここ数十年で飢餓環境から栄養過多環境へと変化した。この環境の急激な変化によって、倹約遺伝子を有することは、環境への適応戦略としてその有効性が失われ、むしろ有害なものとなった。しかし、環境の変化に適応し、遺伝子レベルで倹約遺伝子が消滅するには時間がかかる。このように環境と適応戦略とのあいだでミスマッチが生じたために、肥満という問題が発生した、というのである。

さらに、最近では、肥満の原因として社会的な環境、格差などが強調されることも多くなってきた［Marmot 2015］。これらの研究によれば、健康と社会的勾配とのあいだには強い相関関係が存在する。つまり、社会的地位が低い層、貧困層などに肥満の率が高い、というのである。その原因としてあげられることが多いのは、医療へのアクセスの格差、ヘルス・リテラシーにおける格差、ストレスなどである。

これらの原因の肥満への寄与度がどの程度であるのかに関しては、さらなる研究が必要であるように思われるが、これらの原因が個人の選択とはそれほど相関していないことはあきらかだろう。遺伝子レベルの問題は個人の選択の範疇を超えているし、社会的環境も個人が一人で奮闘しても変更することはなかなか難しい。したがって、個人の選択を改善するためにナッジを行ったとしても、これらの原因を除去することはほとんど不可能であるように思われる。

肥満という結果をもたらすこれらの原因に対処しようとするならば、個人の選択そのものというよりは、個人の選択が行われる環境を改善するための努力が必要になる。たとえば、医療機関の配置、医療関係者の多様性の確保などである。個人の選択の非合理性を強調しようとするあまり、これらの政策の重要性を否定するようなことはあってはならない。リバタリアン・パターナリズムの貢献の一つは、選択の環境に注目した点にあるのだから、なおさらである。

習慣

他方において、肥満が個人の選択とはまったく無関係であるともいえないだろう。たしかに、肥満は個人が一定の食生活を送りつづけてきたことの結果であり、この意味において個人の選択の結果であるともいえるかもしれない。

しかし、実際には、我々は肥満になるか、肥満にならないかという選択を迫られているわけではない。我々が迫られている選択は、今日のランチでファストフードを食べるか、蕎麦を食べるかといったより具体的かつ個別的なものである。そして、前者の選択肢を選んだところで、ただちに肥満と結びつくわけではない。我々が肥満となるのは、一回の選択はそれほど有害とはいえないものの、継続して前者（ファストフード）を頻繁に選択しつづけることによってである。だからこそ、肥満は生活習慣病なのである。

肥満は選択肢ではないという批判に対しては、「選択肢」という言葉の使い方だけの問題であり、肥満となるような生活習慣を選択したと表現することは可能であり、この意味で肥満は選択肢であるといわれるかもしれない。しかし、言葉の使い方は重要である。というのも、選択肢という言葉を使うことによって、問題が一定の仕方で理解され、一定の仕方で原因が抽出され、処方箋が一定のものに制約されることになるからである。この問題に接近するために、生活習慣の問題が有している性質についてもう少し詳しく考えてみよう。

1／n

肥満が生活習慣病であるとしよう。その場合には、個々の選択はかならずしも非合理とはいえない点に留意すべきである。単純化のために、一定期間内にn回、ファストフードを摂取することが、そしてこのような仕方でのファストフードの摂取のみが肥満をもたらすと想定しよう。このnが十分に大きな数であるとするならば、一回の摂取1／nは十分に小さい数であり、肥満とほとんど関連をもたない。

この問題は、不摂生や喫煙といった悪い習慣についてだけでなく、肥満の解消策として推奨されることが多い運動などのよい習慣についてもあてはまる。運動の習慣をもったほうがよいことはたしかだが、たった一回の運動で劇的な変化が起こるわけではない。単純化のために、一定の期間内にn回の運動を行うことが必要であると想定しよう。nが十分に大きな数であるとするならば、一回の運動1／nは健康に対してほとんど差異をもたらさないことになる。

以上から理解できるように、習慣は個々の選択の集積ではあるものの、一回の選択がよいからといって、よい習慣が身につくわけでもない。同様に、肥満をコントロールするためには習慣をコントロールしなければならないが、それは一回の選択をコントロールするという問題とは異なった側面を有している。第一に、一回のファストフードの摂取は1／nの危害しかもたらさず、その有害性を認識することさえも困難であろう。それどころか、一回のファストフードの摂取は、一回にとどまるのであれば、まったく無害であり、有害性の認識をもつ必要さえないかもしれない。

第二に、たとえ1／nの有害性を認識できたとしても、その有害性を回避するような行動をとることも困難であろう。1／nの有害性を回避する行動をn回繰り返すことができる人はほとんどいないように思われる。さらに、一回の食事をコントロールするためには注意力、忍耐力といった心理的費用がかかることを勘案するならば、1／nという些細な害悪を回避するために、これらの心理的費用をかけることは、そのことによって得られる便益に見合わない可能性があり、非合理でさえあるかもしれない。ファストフードの摂取をn回続け、肥満になった人に関しても、一回ファストフードの摂取をやめたり、一回運動するだけで状況が改善するわけではないので、これらの是正策をとることも、費用に見合う便益が得られない可能性がある。[★2]

苛酷な要求

習慣の問題は以上のような特徴をもつので、個々の行為を非合理であると評価し、個々の行為に介入する通常の意味でのパターナリズムは問題の本質をとらえそこなっているように思われる。規制手段の方法の問題については次節で検討することにして、ここでは、肥満という重大な結果へと至る個々の行為の非合理性を非難することの意味を考えてみよう。

毎回の食事の影響が1／nにすぎないとするならば、毎回の食事をコントロールしつづけるように求めることは苛酷な要求であり、この要求に答えられない人が多く存在することは、当然の話である。人間には、そのような些細な差を見抜き、コントロールしつづける能力はそなわっていないからである。にもかかわらず、人びとに毎回の食事のコントロールを求めたとしても、人びとはそれにしたがうことができないので、実際には人びとの行動を改善できないという点で問題がある。

これに対しては、理想とは高貴なものであり、実現できなくてもめざすべき目標として掲げつづけるべきである、との批判があるかもしれない。しかし、苛酷な要求は逆効果をもたらしうるという点にも留意すべきである。苛酷な要求を課されることによって、一部の人間にとっては摂食そのものが恐怖の対象となり、摂食障害に陥るかもしれない。また、別の人たちは、自分が合理性の要請に答えられていないことに耐えられず、自分は肥満ではないという自己欺瞞的な自己認識をもつに至るかもしれない。実際、アメリカにおける調査によれば、肥満が深刻化し、政策的な対応がとられはじめている現在のほうが、過去とくらべて、自分の体重には問題がないという認識をもつ肥満の若者が増えているのである［Lu *et al.* 2015］。

要するに、肥満の問題を選択の問題としてとらえるならば、非合理な選択に対する批判は、問題の解決をもたらさないだけでなく、その苛酷さのゆえに弊害をもたらしかねないのである。[★3] したがって、肥満問題を解決しようとするのであれば、生活習慣の問題としてとらえ、とりくむ必要があるだろう。

3　どのような規制手法が望ましいか？

以上、リバタリアン・パターナリズムという理論的な磁場のもとで肥満問題を理解する結果、肥満問題の正確な理解から遠ざかり、問題の解決から遠ざかってしまう危険があることを示してきた。

ここではさらに、リバタリアン・パターナリズムという理論的な磁場のもとで理解される結果、問題解決のために必要な規制手法も限定的に理解される危険があることを示す。

ナッジの定義

前述したように、リバタリアン・パターナリズムは、個人の選択の非合理性を強調し、自己決定権の基礎を掘り崩すいっぽうで、人びとの選択にむやみやたらと口を出す規制国家を擁護しているわけでもない。むしろ、サンスティーンは、このような懸念を払拭し、リバタリアン・パターナリズムがめざす国家が個人の選択の自由を侵害していないことを強調する。この目的のために彼が強調する規制手法が、ナッジである。具体的には、ナッジとは、人びとの選択に介入することなく、ソフトに人びとの選択を善導していく規制手法である。

ナッジとしてあげられている規制手法は多様であり、サンスティーンは、それらを例示することには熱心だが、それらが共通に有する性質を説明することにはそれほど関心を払っていない。たしかに、ナッジは問題解決のための手段にすぎず、ナッジの一般論を振りかざすよりも、問題の文脈ごとに有効なナッジを探し求めていくほうが生産的であるというサンスティーンの態度には一定の説得力があるだろう。とはいえ、前述したように、私たちは一定の理論的な磁場の下にあり、理論的な磁場に存在している一定の磁気力が、選択されるナッジの種類、ナッジの利用方法などに影響を与えると思われるので、リバタリアン・パターナリズムという磁場においてナッジに対してはたらいていると思われる理論的な磁気力を確認しておこう。

まずはサンスティーンによるナッジの定義を確認することからはじめよう。彼はナッジを「いかなる選択肢も禁止することなく、人々の経済的インセンティブを大きく変更することなく、人びとの行動を予測可能な仕方で変更するあらゆる側面の選択アーキテクチャ」[Thaler and Sunstein 2008] として定義している。

このナッジの定義において、まず注目すべきなのは、選択アーキテクチャの重要性を強調している点である。この強調によって、サンスティーンは、従来の自己決定権が暗黙のうちに前提としてきた選択観、具体的には、選択が行われる背景をなしている環境を無視して、選択のみに注目することを拒否し、選択が行われる環境をうまく設計することによって、よい結果をもたらそうとしているのである。

しかし、それ以外の点で、このナッジの定義にはあいまいな部分が少なくない。「選択アーキテクチャ」といっても、多様であろう。にもかかわらず、サンスティーンは、先の引用文から明らかなように、法的規制や経済的インセンティブといった伝統的な規制手法をナッジから排除している。それは、なぜだろうか。リバタリアン・パターナリズムの理論的な背景を探ることによって、この排除の理由を検討してみよう。

もしれない。[★4]

二重過程論とナッジ

サンスティーンがナッジとして一括している手法を提唱するに至った理論的な背景としては、彼がしばしば言及する心理学における「二重過程論（dual process theory）」に求めることができるかもしれない。[★4]

行動経済学の始祖の一人であるダニエル・カーネマンによると、人間の情報処理システムには二つの種類があり、それは反射的な判断を司るシステム1と熟慮的な判断を司るシステム2とから構成される［Kahneman 2011］。たとえば、複雑な計算をする場合にはシステム2が優位となるが、自転車に乗る際には、システム1が優位になるといった具合にである。

これらのうち、サンスティーンの強調するナッジが主としてターゲットとしているのは反射的なシステム1であるように思われる。しかし、反射的なシステムは、素早い決定を可能にするものの、バイアスや錯覚に陥りやすい。そこで、バイアスや錯覚のなかには有害なものもあり、それらから個人を保護するために、人間のもっている別のバイアスや錯覚を利用しようとするのがナッジである。つまり、ナッジとは、反射的なシステムにはたらきかけることにより、反射的なシステムに依存しすぎている人たちでさえもまちがいを犯さないですむようにサポートする手段なのである。

したがって、サンスティーンの用いる意味での、ナッジとはシステム2、すなわち、熟慮的な判断システムに訴えかけるのではなく、システム1に訴えかける政策手段であるという点、しかも、システム1がバイアスや錯覚をともなうので、それを是正するために別のバイアスや錯覚を利用する政策手段であると理解することができよう。

このようなナッジの特徴づけは、リバタリアン・パターナリズムが人間の合理性を強調する「ホモ・エコノミクス仮説」に対して批判的であることの反映でもある。すなわち、人間は自己利益の最大化をめざしてシステム2を中心に判断する合理的な存在などではなく、システム1を中心に判断し、それにもとづいて行動している。したがって、個人の行動に影響を与えようとするならば、理性的な説得などを通じてシステム2に訴えるのではなく、システム1に直接、はたらきかけなければならないという発想である。

排除される規制手法

前述したように、ナッジの定義は、二つの伝統的な規制手法を排除している。具体的には、第一に、法的規制が排除されている。それは、リバタリアン・パターナリズムがリバタリアンであることと関連しているように思われる。すなわち、個人の選択肢を除去するような規制ではなく、あくまでも個人の選択を尊重している、というのである。

このような態度は、アメリカの政治文化という文脈においては十分に理解可能である。アメリカでは、健康保険や年金は、個人が必要であればみずからの選択にもとづいて購入すべきであり、国家が強制的に加入させるべきものではない、との認識が広く共有されている。このような認識にもとづき、国家による国民年金などの試みは、「社会主義的である」として激しく非難されることになる。

したがって、アメリカの政治文化という文脈においては、個人の食事の仕方に強制をともなう法的規制をかけることは困難であり、次善の策として、法的規制とは別の仕方で個人の選択に影響を与えること、すなわち、ナッジがめざされることになる。

第二に、ナッジの定義からは、経済的インセンティブが排除されている。経済的インセンティブの具体例として、本を一冊読み終えると子どもにご褒美を与えるという手法をあげることができる。また、経済的インセンティブには、ある活動の便益を増加させるものだけでなく、タバコの代金を上げるなどといったある活動の費用を増加させるものも含まれる。

経済的インセンティブの排除は、リバタリアン・パターナリズムのパターナリズムの部分と関係しているように思われる。経済的インセンティブは、ホモ・エコノミクス仮説、より具体的には、消費者は価格に反応して需要量を調整することによって、みずからの効用を最大化するという仮説に依拠している。

これに対して、リバタリアン・パターナリズムは、人間の合理性には限界があるとして、ホモ・エコノミクス仮説に対して否定的である。その結果、ホモ・エコノミクス仮説を前提としている経済的インセンティブに対しても懐疑的であるように思われる。

経済的インセンティブ排除の問題点

以上で確認できるように、リバタリアン・パターナリズムがそのリバタリアニズム的な性格やパターナリズム的な性格を貫徹するために、経済的インセンティブや法的規制を排除する必要があることは理解可能ではあるが、そのことは肥満問題などを解決する際に採用する政策手法に限定が加えられてしまうようでは本末転倒であろう。

たとえば、喫煙に対する政策的介入の根拠としてしばしばあげられるのは、パターナリズムである。すなわち、喫煙者は非合理であり、喫煙者の健康を守るために、喫煙行為を防止、もしくは減少させるために、喫煙行為に介入すべきである、というのである。他方、このようなパターナリズムとかならずしも相性のよくない規制手法が経済的インセンティブである。というのも、パターナリズムは行為者の非合理性を前提としているのに対して、経済的インセンティブは少なくとも値段には反応するという意味での合理性を個人が有していることを前提としているからである。

実際には、喫煙を減少させるためには、タバコの代金を上げることが一定程度有効であることが知られている。また、実験結果の示すところによると、体重減に対して報酬を出すという政策もまた有効である★5［Volpp *et al.* 2008］。このような経済的インセンティブを、ホモ・エコノミクス仮説に依拠しているというだけの理由で、ホモ・エコノミクス仮説とともに葬り去ってよいのだろうか。そのような態度は、喫煙問題に真剣に取り組んでいないとのそしりを免れないのではなかろうか。というのも、パターナリズムという抽象的な理論を維持するために、具体的な問題を解決するために有効な方法を一つ失うことになりかねないからである。

もちろん、サンスティーンも、そこまで頑迷ではないだろう。というのも、彼が攻撃目標としているホモ・エコノミクス仮説は、たいていの場合、個人が合理的に選択ができると主張する立場であり、この立場を否定するには、人間がいつでも非合理に選択するという全称命題を立てる必要はなく、人間がたいていの場合、非合理に行為すると主張する存在命題で足りる。したがって、人間が時として合理的に行動する可能性を認めることは、サンスティーンの立場からも可能であり、経済的インセンティブの有効性を完全に否定する必要もない。

とはいえ、システム1の優位とパターナリズムの必要性を強調するリバタリアン・パターナリズムの磁場が有している磁気力からすると、たいていの場合には非合理であるはずの人間の合理性を前提としている経済的インセンティブにそれほど余地は残されていないこともたしかだろう。要するに、リバタリアン・パターナリズムが問題解決の指針となるよりも、むしろ、桎梏となる危険が存在しているのである。

法的規制排除の問題点

ナッジから排除されるもう一つの規制手法である法的規制に目を転ずることにしよう。もちろん、法的規制にはコストがつきものであるので、法的規制がいつでも望ましいわけではない。しかし、法的規制には熟議プロセスを発動させるという長所も存在する。つまり、民主主義国家においては、ある政策が規制であると正面から認めることによってはじめて、政府が規制の目的を説明し、市民を説得し、規制の結果を検証し、時としては責任をとるという熟議プロセスが作動することになるのである。もちろん、このようなプロセスが現実にはうまく作動していない、という批判は十分説得力を有するだろう。しかし、熟議プロセス抜きでも、政府はうまく政策を立案し、実行できるという想定もかなり楽観的なものである。

ところが、ナッジと熟議との相性はそれほどよいものではない。前述したように、サンスティーンが念頭においているナッジは熟議プロセスがはたらくようなシステム2にではなく、反射的なシステム1にはたらきかけようとしている。そして、ある実験によると、事前にナッジの仕組みについての情報を与えられるならば、ナッジの有効性は低下するのである［Petty *et al.* 1998］。つまり、熟議をするとナッジは効かなくなる可能性が存在するのである。

ナッジの効果の低下を回避しようとすると、ナッジを秘密裏に実施する必要があるかもしれない。しかし、その場合には、ナッジがほんとうにパターナリズム的な性格を有するのか、すなわち、ナッジされる側の利益を実現することをめざして行われているのか、それとも政府などの利益の実現をめざした操作であるのかについて議論するきっかけを失うであろう。私たちは政府が熟議プロセスなどなくても、いつでも政府自身の利益ではなく、市民の利益の保護をめざしてナッジするという想定を信じることができるだろうか。歴史を振り返るならば、この想定は相当に怪しいといわざるをえない。

もちろん、ナッジのなかには、熟議を回避するものだけでなく、熟議を活性化させる機能を有するものも存在するかもしれない。たとえば、治療法の選択において、患者に特定の選択肢を選択させるようなナッジだけでなく、患者が熟慮すべき問題に焦点を絞り、熟慮のために必要な情報を提示するナッジなどがそれにあたる。したがって、ナッジそのものに熟議プロセスを回避させる傾向が存在するわけではないものの、リバタリアン・パターナリズムという磁場のなかで行われるナッジは、熟議プロセスを回避する方向へとむかいがちである、という点には留意すべきである。

要するに、リバタリアン・パターナリズムはリバタリアニズムであろうとするあまり、規制を否定し、規制の目的についての熟慮を回避し、人びとの動機を操作するという誘惑に屈しかねない。その結果、リバタリアン・パターナリズムを実施する政府は不透明で無答責になりかねないのである。この点は、政府に対する懐疑をその根源的な動機としているリバタリアニズムと相容れない特徴であろう。

4　問題解決のために

以上、リバタリアン・パターナリズムという磁場のなかでは、そこではたらいている磁気力のゆえに、肥満問題の見立て、規制手法の選択などが影響を受け、肥満問題の解決のためにとれる手段の幅を狭めていることを確認した。とはいえ、アメリカにおける肥満問題は、なんらかの仕方で政策的な対応が必要な段階に入っている。私たちはこの問題に対してどのように立ち向かうべきなのだろうか。リバタリアン・パターナリズムという磁場を離れて、肥満問題の解決策を探ることにしよう。

アクセスの改善

前述したように、肥満という問題は複合的な要因から構成されており、個人の選択の失敗という一つの原因への還元論は、問題の歪曲化につながりかねない。問題を解決しようと思うなら、原因に応じて、さまざまな規制手法を検討すべきである。

多様な肥満の原因のうち、遺伝に由来するものに関しては、政策的な対応を行うことは難しいように思われる。しかし、遺伝以外の要因に由来する部分については、肥満を改善する余地は存在するかもしれない。これらの要因のうち、社会的環境に由来する部分については、前述した健康格差に関する研究が有益な示唆を与えてくれるだろう。

健康格差に関する文献において解決策の一つとしてしばしば強調されるのが、「アクセスの改善」である。一部の人たちは、貧困などのゆえに、十分に医療にアクセスできず、その結果、裕福な人たちとの健康格差が拡大している。したがって、健康格差を改善するために、公平な医療アクセスを提供すべきである、というのである。

おそらくは、肥満問題に関しても、健康格差と同様に、健康な食品に対するアクセスの格差が存在している。この点に焦点をあてるのが、「フード・デザート（食の砂漠）」という概念である。フード・デザートとは、スーパーマーケットなどが撤退し、新鮮な食糧を入手することが困難になっている地域を指す概念であり、これらの地域は貧困率が高いことが多い。このような地域の住民、とりわけ、自家用車を保有していない貧困な人たちはアクセスが容易なファストフードなどに依存せざるをえない。その結果、フード・デザートでは他の地域と比べて、肥満率が高くなる傾向が存在するのである。

アクセスの改善のためには、ショッピング・モールへのシャトルバスの運行、商品配送サービスの提供など、さまざまな手法が考えられる。ここで留意すべきなのは、アクセスへの改善が、かならずしもファストフードの摂取を規制したり、ファストフードを摂取する人の非合理性を非難したりするものではないという点である。むしろ、その主眼は、選択肢を拡充することによって、個人の選択を有意義なものにすることに存する。

リテラシーの向上

健康格差に関する研究において提唱されることが多い第二の解決策は、「リテラシーの向上」である。健康に関する情報は複雑であり、現状、多くの人が十分にそれらを理解し、有効に利用しているとはいえない。したがって、人びとの健康リテラシーの向上は喫緊の課題である。そのためには、まずは、基礎教育、科学教育などを通じて人びとの基礎的な能力を向上させることが必要である。

さらに、情報の伝え方を改善し、問題をシンプルに提示することもリテラシーの改善のためにとりうる一つの方策である。たとえば、行動経済学の多くの実験が示しているように、多くの人間はリスクに対する判断を合理的に行うことが苦手である。しかし、それは確率（たとえば、二五％）を用いて問題が表現されているからであって、自然頻度（たとえば、四分の一）を用いて表現すると、多くの人の判断が改善されることが知られている［Gigerenzer 2003］。

同一のリスクであるにもかかわらず、確率で表現するか、自然頻度で表現するかに応じて、個人の選択が影響を受けることは、リバタリアン・パターナリズムの磁場で考えるならば、個人の選択が不安定、不確定であることの証拠とみなされるだろう。そして、そのように理解するならば、個人の選択を信頼せず、個人の選択を操作して、個人の利益を保護するという政策が正当化されることになる。

しかし、リバタリアン・パターナリズムの磁場から離れて考えると、そのような理解が唯一の道ではない。確率表現か自然頻度表現かに応じて選択が異なるのは、確率表現が個人が理解し処理できる能力を超えているからであり、問題を単純化すれば、個人は問題を適切に処理できることも少なくない。もしそうであるならば、個人が理解し、適切に処理できるような仕方で問題を単純化することは、個人が有意義な選択をするための前提条件の一つである。

肥満との関連では、英国食品基準庁によって開発された食品の分類システムはこの観点から理解できるかもしれない。この分類システムでは、包装された食品をそれがどの程度ヘルシーであるかにもとづいて分類し、交通信号のように緑か赤のラベルを食品のパッケージに表示する。この分類法によって、健康な食生活を送るために解かなくてはならない食品の選択問題が情報倹約的なシンプルなものへと変更されるのである［Thorndike *et al.* 2012］。

習慣の形成

前述したように、肥満の原因のなかには、習慣がある。正しい習慣の獲得、あるいは悪しき習慣からの決別はどのような規制手法を用いたとしても、難問であることは変わらない。というのも、一回の選択に対して有効な規制手法が習慣の形成に有効であるとはかぎらないからである。

さまざまな規制手法が１／ｎ回の行為選択に対してどのような影響を与えるのかについては、数多くの実験が存在する。これに対して、習慣形成に与える影響については、ほかの要因を排除し、特定の手法の影響のみを測定することが難しいなどの理由から、それほど多くの実験結果があるとはいえない。ナッジに関しても、それが人びとの健康によい習慣の形成に有効であることを示す明確な証拠はまだ存在していないようである［Marteau *et al.* 2011］。したがって、現段階では、いくつか存在する実験結果から、推測するしかないだろう。

さまざまな規制手段のなかでも、比較的多く実験が行われているのは、経済的インセンティブの習慣形成への影響についてである。実験によると、経済的インセンティブは、習慣形成においても有効であることが知られている。この点についてのさまざまな実験結果を調査した行動経済学者のウリ・グニージーたちによると、よい習慣を身につけさせたり、悪い習慣を回避させるためにもインセンティブを与えることは短期においては、ある程度有効である。他方、経済的インセンティブという手法には、ある習慣を獲得する動機をよい習慣を得るという動機から、金銭を得るという動機へと書き換えてしまうという影もつきまとう［Gneezy *et al.* 2011］。さらに、実験結果の示すところによると、経済的インセンティブによって獲得されたはずのよい習慣は、それほど長続きしない。しかも、経済的インセンティブがなくなった後には、徐々に消滅する［Mantzari *et al.* 2015］。これらの問題を「慣れの問題」とよぶことにしよう。

慣れによって経済的なインセンティブの効果が減衰し、習慣が衰弱していくことを防ぐために、経済的なインセンティブという手法を用いるならば、報酬額を上げるなど、より強力な経済的インセンティブを提供していかなくてはならないだろう。このような政策に、実際上、実現可能性がないことは言をまたない。ナッジや仕掛けに関しては、その実施に大して費用がかからない点では、経済的インセンティブよりもすぐれている。しかし、ナッジや仕掛けを継続したところで、慣れの問題が存在するかもしれない。

むしろ、習慣の獲得は、たった一つの規制手法によってのみ実現できるものではなさそうである。この点で、参考になるのが先のグニージーたちの実験である。ジムに通うことに対して経済的インセンティブを与える実験では、実験の参加者のなかに友人が多い人ほどジムに多く通うのに対して、参加者のなかに友人が少ない場合には、ジムに通う頻度も少ない［Gneezy *et al.* 2011］。このことが示しているように、運動という習慣を獲得するのに寄与する一つの要因は、ジムに行く友人の存在など、社会的ネットワークの存在である。はじめてジムに通う人にとって、ジムは敷居が高いかもしれない。これに対して、ナッジや経済的インセンティブは、この敷居を下げる効果はありそうだ。そこから先、運動の習慣を形成していくためには、ジムを運動の場としてのみとらえるのではなく、社交などより多様な機能をはたしうる環境としてとらえる必要があるだろう。

5 結局、自己決定権は生き残るのか？

第一の道の先にあるもの

本章の最初で提起した問題に立ち戻ることにしよう。肥満問題の解決へと至るかもしれない道は二つある。第一の道は、個人の選択を基本的には信頼せず、個人が選択を行う環境を整備し、よい結果をもたらすように、個人の選択を操作する。この道の先には、個人の自己決定権が生き残る余地はないだろう。第二の道は、個人の選択が劣悪な環境においてはうまく機能しないことを認めつつ、個人の選択が機能する環境を整備する。この道の先には、オールマイティではないにせよ、自己決定権が果たすべき余地は残されているだろう。

二つの道は、どちらも選択の環境を整備するという点では一致しており、両者をさして区分する意味はないとの疑念が提出されるかもしれない。しかし、両者のあいだには、個人の選択への信頼の有無という点で、大きな相違が存在しており、この相違が肥満問題の原因の見立て、その解決のために選択される手段の相違を生み出している。

リバタリアン・パターナリズムという理論的な磁場のなかで考えるかぎり、個人の自己決定権にそれほど余地を認めない第一の道に関心が向かいがちである。たしかに、第一の道をとることによって解決できる問題も多い。しかし、肥満問題は、そのなかには入らないだろう。というのも、肥満問題が私たちに突きつけているのは、習慣の獲得というこれまで十分には検討されてこなかった課題だからである。習慣の獲得は、肥満問題にかぎらず、環境問題など多くの問題を解決するうえで重要であり、日本においてはそれほど深刻ではないにもかかわらず肥満問題をとりあげたのは、このような理由からである。

前述したように、習慣形成の十分になされない原因を、個人が十分に合理的に選択をしていないことに求めて、個人の非合理性を批判したところで、問題は解決するどころか、かえってこじれる危険さえある。さらに、経済的インセンティブやナッジ、仕掛けなど個人の選択を操作するためのさまざまな手法も、たしかに、１／n回の選択を行わせたり、回避させたりするためにはある程度有効であるが、習慣形成にはそれほど有効ではない。実際、経済的インセンティブが慣れの問題を引き起こし、習慣形成にかならずしも至らないことに関しては、一定の実験結果が示すところである。また、ナッジが習慣形成に有効であることを示す証拠も現在のところ脆弱である。

したがって、肥満問題を個人の選択の非合理性の問題として理解し、個人の選択を操作の対象としてのみ理解する第一の道の先には、問題解決が待っているようには思われない。

第二の道

もちろん、第一の道を拒否するからといって、経済的インセンティブやナッジといった1／n回の行為選択に有効である手法を軽視する必要はないし、軽視してはならない。なぜなら、一回目がなければ、n回目も存在しないからである。往々にして一回目の行為を選択することの敷居が高いことを考えるならば、ある行為を選択するきっかけを与えるものとしては、経済的インセンティブやナッジは重要だろう。

むしろ、現状において必要なのは、単独ではそれほど有効ではないかもしれないさまざまな手法を組み合わせて、よい行為が継続的に選択されるような環境を作るための実験を行うことである。そのような手法のなかには、食品業界への規制など、個人を直接の対象としないような法的規制、経済政策、税制なども含まれるであろう。しかし、そうした手法の一つとして個人の自己決定権がうまく機能するための環境を整備するという手法を排除する理由はないものと思われる。そして、自己決定権を含めたさまざまな手法を試すためには、リバタリアン・パターナリズムの有する強い磁場から離れることが必要なのである。

注

★1　翻訳は参考にさせていただいたが、本論文の他の部分との整合性を確保するために、適宜、訳を変更している。以下、翻訳からの引用は同様の方針で行っている。

★2　興味深いことに、気候変動に関する問題も同じ構造を有している。すなわち、n人が自家用車に乗り、二酸化炭素を排出することは、世界全体としてみると好ましくない結果をもたらすとしよう。しかし、個人の観点から問題を見るならば、一人ひとりの気候変動への寄与分である1／nが十分に小さいことは明らかであり、一人が自家用車の使用を控えたところで、結果は変わらないのである。

★3　したがって、ここで反省されるべきは、こんなに多くの人が「非合理」であるとするならば、かくも苛酷な要求をする合理性の基準は、人間の身の丈に合っていないのではないかという、合理性の観念そのものに関する問いであろう。この問題については、以前［若松 2016：Ⅲ］に検討したことがあるので、ここでは繰り返さない。

★4　二重過程論自体、心理学においても確立された理論であるとはいえないようだが、筆者にはその評価を行うだけの能力はない。したがって、以下では、その正当性については留保したうえで、サンスティーンの議論を説明するための手段としてのみ二重過程論を議論することにしたい。

★5　ただし、後述するように、経済的インセンティブは、習慣を獲得、あるいは放棄させるうえでは、それほど有効ではない。

文献

Gigerenzer, Gerd, 2003, *Calculated Risks: How to Know When Numbers Deceive You*, Simon & Schuster.［吉田利子訳 2010『リスク・リテラシーが身につく統計的思考法――初歩からベイズ推定まで』早川書房］

Gneezy, Uri, *et al.* 2011, "When and Why Incentives (Don't) Work to Modify Beharivor," *Journal of Economic Perspectives*, vol. 25: 191-210.

Kahneman, Daniel, 2011, *Thinking, Fast and Slow*, Farrar, Straus and Giroux.［村井章子訳 2014『ファスト&スロー――あなたの意思はどのように決まるか？（上・下）』早川書房］

Lu, Hui, *et al.* 2015, "More Overweight Adolescents Think They Are Just Fine," *American Journal of Preventive Medicine*, vol. 49: 670-677.

Marmot, Michael, 2015, *The Health Gap: The Challenge of an Unequal World*, Bloomsbury.［栗林寛幸監訳 2017『健康格差』日本評論社］

Marteau, Theresa, *et al.* 2011, "Judging Nudging: Can Nudging Improve Population Health?" *BMJ*, vol. 342: 263-5.

Mantzari, Eleni, *et al.* 2015, "Personal financial incentives for changing habitual health-related behaviors: A systematic review and meta-analysis", *Preventive Medicine*, 75: 75–85.

Petty, Richard, *et al.* 1998, "Flexible Correction Processes in Social Judgment: Implications for Persuasion," *Social Cognition*, vol. 16: 93-113.

Thaler, Richard H. and Sunstein, Cass R., 2008, *Nudge : Improving Decisions About Health, Wealth, and Happiness*, Yale University Press (Revised and Expanded Edition, Penguin Books, 2009)［遠藤真美訳 2009『実践行動経済学——健康、富、幸福への聡明な選択』日経BP社］

Thorndike A. N., *et al.* 2012, "A 2-phase labeling and choice architecture intervention to improve healthy food and beverage choices", *American Journal of Public Health*, 102: 527-533.

Sunstein, Cass R., 2005, *Laws of Fear: Beyond the Precautionary Principle*, Cambridge University Press.［角松生史・内野美穂監訳、神戸大学ELSプログラム訳 2015『恐怖の法則——予防原則を超えて』勁草書房］

Volpp, Kevin, *et al.* 2008, "Financial Incentive-based Approaches for Weight Loss," *Journal of American Medical Association*, vol. 300: 2631-2637.

颯田葉子 2011『肥満は進化の産物か？』化学同人社

サンスティーン、キャス、那須耕介編・監訳 2012『熟議が壊れるとき——民主政と憲法解釈の統治理論』勁草書房

若松良樹 2016『自由放任主義の乗り越え方——自由と合理性を問い直す』勁草書房

第2章

ナッジはどうして嫌われる？

ナッジ批判とその乗り越え方

［これからのナッジのためのおぼえがき］

那須耕介

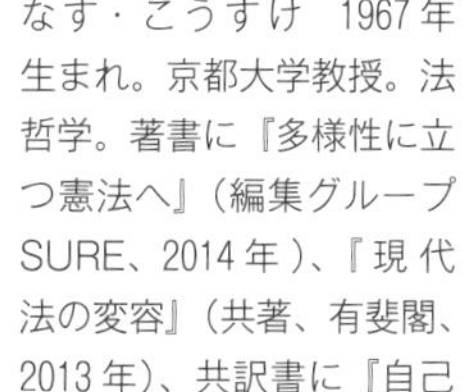

なす・こうすけ　1967年生まれ。京都大学教授。法哲学。著書に『多様性に立つ憲法へ』（編集グループSURE、2014年）、『現代法の変容』（共著、有斐閣、2013年）、共訳書に『自己責任の時代』（ヤシャ・モンク著、みすず書房、2019年）、『メタフィジカル・クラブ』（ルイ・メナンド著、みすず書房、2011年）、『熟議が壊れるとき』（キャス・サンスティーン著、勁草書房、2012年）ほか。

ナッジという方法が広く知られ、その利用が進むにつれて、徐々に批判の風当たりも強まってきた。いわく、「当人のための干渉」なんて余計なお世話、干渉する側の独りよがりだ。人の直感的判断や習慣的行動を頭から是正の対象と決めつけていないか。干渉者が致命的な過ちを犯す可能性だってある。政府や大企業が都合よく人を操るための隠れ蓑、責任逃れの便法だろう。こっそり誘導しようとするのは人を人として尊重していない証拠だ……。不満と抗議の内容もさまざまだ。

一見、どの異議ももっとものように思える。しかし、ナッジという手法への批判としてどれがほんとうに核心を突いているのかについては、もう少し慎重な検討が必要だ。この章では、さまざまなナッジ批判を概観して問題点を洗い出し、そこから今後のナッジ構想の方向を探ってみたい。鍵となるのは、「ナッジの真価は失敗したときに発揮される」という着想、そして「ナッジ像を干渉する者とされる者との一方向的な関係から解放してみたらどうなるか」という関心である。

1 「婚活」ナッジ？

結婚を望みながら機会に恵まれない人、結婚自体に関心の薄い人に周囲があれこれの世話をやく、という情景は、これまでもめずらしくなかった。近年の日本社会で「婚活」という呼び名が広まったのは、従来とはちがった干渉の仕方が広まったからだ。親や親類、近隣や職場内の個人的な援助の慣行が弱まるなかで、当人の自助努力を前提に、その支援や促進に特化された組織的、制度的な

企てが、ビジネスとしてのそれも含め多方面で試みられている。★1

ナッジの舞台としての婚活支援

たしかに、婚活支援はナッジにうってつけの舞台かもしれない。金や権力がものをいう可能性もなくはないが、そんなものに頼りたくない（頼れない）人も多い。理を尽くした説得だけで行動をうながし、カップルを成立させられるとも考えにくい。それは、当人たちの環境や選択肢を整備しなおすことで、そっと控えめにその自発性を引き出し、誘導してやるほかないことなのだ。

婚活ナッジは、「実は婚活したいと思っている人」の潜在的な動機に訴え、その自発的なパートナー探しをうながすことをめざす。相手や機会に恵まれない、なかなか一歩が踏み出せない、という切実な悩みを抱える人はたくさんいる。結婚するつもりはない、と断言する人のなかにも、深く考えずにそう決めた人や、十年後には自分の見通しの甘さを後悔する人がいるかもしれない。そうした人たちのために、婚活のハードルを下げ、実を結ばせられるのなら、それはまちがいなく「当人を幸福にする賢い選択」をナッジしたことになるだろう、というわけだ。他方でまた、人口減少に歯止めをかけたい政府や自治体もまた、若い世代が結婚や子育てに積極的になる可能性に無関心ではいられない。婚活ナッジは、政府の少子化対策の一つに組み込まれる可能性もあるのである。

たとえば昨今、多くの企業が社内婚活の支援に力を入れはじめている。社員の生活をよくしたい、という思いやりはもちろんのこと、早々に身を固めさせたほうが仕事への責任感や意欲も高まるはず、という期待が経営者や管理職に共有されているからかもしれない。社内の恋愛や結婚に好意的な職場だとアピールすれば、若い人材の獲得にも役立つだろう。社内婚が増えれば社風や職場の特色や慣行について配偶者から理解を得やすく、離職率を抑え、組織への忠誠心を育てることにもつながる、等々のメリットがあるとも聞く。

最近、この企業内の婚活支援をめぐって小さな論争があった。よくあるナッジ批判を切り分けるために、ここでは実際の事例[★2]をもとに考えた（やや単純化された）、ある架空の例を考えてみよう。

A社は「婚活メンター」制度の導入を決めた。これは、独身社員全員に年長で同性の既婚者を助言者（メンター）としてあてがい、日常的に婚活上の相談や助言の機会を提供していこうというものである。さらに地元自治体の支援センターの援助と仲介を得て、相手探しのためのデータベースの作成と活用が開始されるとともに、従来からとられてきた既婚者対象の人事上、給与上の優遇についてあらためて周知がはかられた。労働組合も定期的に希望者対象の婚活パーティーと恋愛セミナーを開催している。

政府もこの種の動きを後押ししたがっている。内閣府は、検討会を設けて婚活支援（の支援）に乗り出した。報告書には、政府は各自治体に支援窓口の設置や婚活イベントの開催を求めるとともに、実績ある企業を「優良婚活支援企業」として認定、表彰すべきだ、という提言が盛り込まれた。新婚生活をはじめるカップルを対象に引越し費用や住居費などを援助する制度も設けられている。

ところがこれらの動きに対し、続々と批判の声があがりはじめた。それによると、職場で「さっさと結婚しろ」といわんばかりの雰囲気が高まり、干渉が増えるのは、独身者の肩身を狭くする「独身者ハラスメント」ではないのか、というのだ。

批判の内容はさまざまだ。無理強いは論外だが、「結婚したほうが幸せだよ」という雰囲気と仕掛けがやんわり充実していくのも息苦しい。「社をあげて婚活を応援、推進します」という宣言は、各々の事情を無視した無神経なお節介だし、「結婚は当人の幸福ばかりか責任感や忠誠心をも強める」という思い込みは、「宴会が現場の士気を高める」式の短絡と変わらない。また、政府や自治体がその片棒をかつぐ背景には、少子化や過疎化という当人の幸福とは縁遠い関心が見え隠れする。恋愛や結婚という個人的な選択を、全体の利益のために誘導し、利用しようというのか？

いったい何がご不満？

婚活ナッジに異議を唱える人は、実のところそのどこに問題を見出しているのだろうか。まずはその多様な主張に耳を傾け、不満の内実を解きほぐしてみよう。

①「あんたに言われたくないよ」（干渉者への不信） まず、あなたからは指図されたくない、という反発が考えられる。その底にあるのは、干渉者——経営者や上司、労働組合の幹部、あるいは自治体や政府——への不信感だ。

最初に問われるのは干渉の権限だろう。干渉者はなんの権利があって、私に婚活を勧めるのか。

業務上の指示ならともかく、婚活や結婚について私に指図したり助言したりする資格のある人がいるだろうか。また、干渉者の知識や能力が疑わしい、という場合もある。ナッジの設計者は、私の適切な婚期や婚活方法を私以上に知悉しており、その戦略を考案し実施する能力にもたけている、とでもいうのだろうか。赤の他人がどうして私の幸福について親身に考え、貢献できるというのか。

　他方、干渉者の誠意を信じられない人もいる。当人の幸福のために、というのはただの口実で、背後には黒い動機が見え隠れする。怖いもの知らずで遊びたい盛りの独身者よりも、家族に責任をもち、将来のことを慎重に考えざるをえない既婚者のほうが扱いやすいだろう。社内婚活を勧める上司や経営者には、部下を一人ひとり籠絡しようという腹づもりがあるのではないか。

②「この問題には口出ししないで」（課題・目的への異議）　とにかく婚活を勧められるのが気に食わない、という人もいるにちがいない。本来、これはプライバシーにかかわる問題で、他人からとやかくいわれる筋合いはないはずだ。

　私が独身のままでいることが、だれの迷惑になるというのか。独身は、愚かで非合理的な選択なのか。かりに愚かな選択だったとしても、それを止める権利はだれにもないはずだ。真摯に私のためを思う人からの干渉を受け入れることにしたとしても、いま私が婚活することが私のためになる理由は、どこにあるのか。それは、「思いやりある干渉」に特有の独善ではないのか。干渉は、私の選択が、不合理な、誤った選択として馬鹿にされていることのしるしだ。婚活ナッジは、結婚するつもりのない人にはただの押しつけがましいお説教以外の何物でもない。

③「そのやり方はないだろう」（方法への反発）　ナッジという手法に違和感をもつ人もいる。強制するわけでもなく、報酬を出す用意もなく、説得する覚悟もない。普段の環境や行動の選択肢をととのえて、なんとなく職場で結婚相手を見つけよう、という気にさせようとする。その手口の回りくどさ、姑息さが気にくわない、というわけだ。

第一、正面から要求したらはねつけられそうなことを、じわじわ誘導していつのまにかその気にさせてしまおう、という魂胆が卑劣だ。私が同意しそうにないから、こんな裏工作に頼るのではないか。メンター制度が、そのねらいを隠したまま「若手社員の仕事と生活全般のサポート」をうたって導入されたらどうだろう。あるいは、組合主催のパーティーが、「婚活」部分を隠して催され、行ってみたら男女の出会いを演出する種々の仕掛けが用意されていたとしたらどう感じるだろう。

そもそも、ほんとうに意欲のある人なら、ナッジされなくても自分から婚活をはじめるはずだ。あの手この手でかきたてられた潜在的な意欲は、ほんとうに私の意欲といえるのだろうか。もし自分が誘いに乗って婚活にいそしんだあげくに手痛い失敗に終わったとしても、「自分で選んだことなんだから、あくまでも自己責任だ」ですまされるのではないか。「強制しません」という低姿勢には、「選択は任せたから、結果は自分が負ってね」という、干渉者側の責任のがれの意図が透けて見える。

批判はどこに刺さっているか

こんなふうに並べてみると、婚活ナッジへの攻撃はしばしば、ナッジそのものよりも、干渉の担い手や掲げられた課題にむけられていることがわかる。実際、多くのナッジ批判は、ナッジ設計者や実行者への不信、あるいは自分の自律性の領分を脅かされることへの警戒にねざしている。どんな方法に訴えるにせよ、干渉する者にその資格や資質が欠けていたり、個人的な問題に踏み込んだりすれば、反発を買うのは当然だ。ただ、この種の批判が問いただそうとしているのは、ナッジ自体の是非というより、あくまでも干渉者の権威の正統性（①）や、介入・干渉が許されるべき課題や事情（②）だったとみるのが正確だろう。

これらは、ナッジという手法に訴えるかどうかにかかわらず、人が他人の行動に干渉しようとする際には必ず問題になることである。たとえば①については、上司や経営者の干渉は、政府の干渉よりも広く許されるべきとされることが多い。それは一つには政府の干渉がしばしばだれも逃れられない強制という形をとるのに対し、会社組織内の干渉はあくまでも雇用契約を基礎にしており、当人が望めば避けられる（会社をやめればすむ）からだろう。

他方②が問題にしているのは、当人の選択に他人が介入、干渉してよいことがらの範囲やそれが許される事情である。従来、自由主義社会では、他人に具体的な損害を与えないかぎりは当人の自己決定を最大限に尊重すべしとする原則（危害原理）を軸に、政府によるパターナリズムやモラリズムの是非が議論されてきた。ナッジの登場は、たしかに許容されるべきパターナリズム、モラリズムの範囲を広げたといえるだろう。どこに、なぜそのような拡張を認めうるかは、この社会における大きな関心事である。しかしながら、ナッジという手法はつねにパターナリスティック、モラリスティックな動機から用いられるとはかぎらない。この関心からのみナッジの是非や可能性を問うならば、その射程をとらえそこねる可能性があるだろう。

たしかにナッジは当初から、行動経済学の知見のもとリバタリアン・パターナリズムの実現手段として構想されてきたし、後続の論争でもしばしば、政府による設計、実施を前提にナッジ的干渉の是非や可能性が検討されてきた。その結果ナッジは、行動経済学、リバタリアン・パターナリズム、そして政府による統治活動と一体視されがちだったことはまちがいない。

しかしながら、ナッジの設計や実施が政府機関に独占されるべき必然性はどこにもない。以下にみるように、ナッジという手法の最大の特徴が被干渉者に強制を加えないところにあるのだとしたら、この手法は、政府とその国民とのあいだにかぎられず、市場における売り手と買い手はもちろんのこと、職場や学校、近隣や家庭、見知らぬ者どうしのさまざまな関係のなかで用いられうるし、現に用いられていると考える必要があるだろう。

また、リバタリアン・パターナリズムにとってナッジは不可欠の道具だが、ナッジはそれ以外の政策目的にも貢献しうる。それは干渉される者の福利のために用いられる場合もあるが、他者危害を抑制するためにも、社会全体の厚生を増大させるためにも、市民の政治参加や熟議を活性化させるためにも、あるいはたんに干渉者の私腹を肥やすためにも用いられうるだろう。ナッジという手法は、担い手だけでなく、その課題や目的も選ばないのである。

ナッジ批判の核心

ではこうして切り分けられた後に残る、ナッジに固有の問題点とはなんだろうか。先の整理に即していえば、③の「方法への反発」がそれにあたる。[★3]

ここではとくに、干渉される者が合意や納得のないままにあざむかれ操られる可能性（熟慮的自律性の侵害への懸念）、そしてその影響下でとった行動の責任が被干渉者に負わされ、干渉者・設計者側はこれを免れる可能性（任意性の偽装と干渉者の責任転嫁への懸念）を指摘しておいた。

任意性偽装・責任転嫁批判はどんなナッジにもあてはまる。被干渉者に選択の余地（離脱可能性）を保障するナッジの非強制性こそが、この懸念の源だからだ。「ナッジにうながされてしたこと」は、強制がなかったことを根拠に、「本人がすすんで選んだこと」とみなされるかもしれない。ナッジは干渉する側の負担や責任を軽減するが、そのぶん、干渉される側はみずからの負担で一定の行動を選択し、その結果についても責任を負わされる可能性があるのである。

他方、自律侵害批判が教育的＝目覚ましナッジにあてはまる可能性は低い。この種のナッジは、干渉者が被干渉者に情報や時間、注意喚起を与え、被干渉者の熟慮と合理的な判断をうながそうとするものだからだ。むしろ問題は、多くの批判が集中する非教育的＝幻惑ナッジのほうである。非教育的ナッジは定義上、被干渉者の熟慮を回避または抑制し、反射的、直感的、習慣的、惰性的な認知と行動のパタンを活用することで一定の行動をうながすのだから、そこにはどうしても個人の熟慮と自己決定を軽んじているかのような印象がつきまとう。当人の自覚的な決定、熟慮にもとづく選択を自律の必須の要件と考えるかぎり、ナッジは本質的に自律性への脅威を含んでいるように思える。★4

2 ナッジの内在道徳

サンスティーンの反論

近年のサンスティーンは、ナッジへの批判をかわすにはもっぱら干渉者への信頼性を高めることが有効だと考えてきたようだ［Sunstein 2016:13; Sunstein and Reisch 2019:79, 83, 120ff］。またとくに評判の悪い非教育的ナッジについては、その効果の高さを示すと不支持層が減るという実証研究をふまえ、干渉者への信頼と意思決定過程の透明性を確保し、課題と目的を正しく設定すればこの手法への不信も薄まるだろう、と応じている［Sunstein and Reisch 2019:ch.9］。

しかしながら、干渉者への信頼とナッジへの信頼とは別物だ。干渉者への信頼は干渉者のナッジ利用への懸念を軽くするかもしれないが、ナッジという手法自体の難点を帳消しにするわけではない。むしろ詐術的な手段の採用が、結果的に干渉者への信頼を失わせる場合もありうるだろう。

行政実務の現場では個々の政府ナッジが一定の支持を得られれば十分なのかもしれない。しかしそれでは干渉者が信頼されており、よい結果が望めるなら、少々いかがわしい手法に訴えてもかまわない、ということになりかねない。ここに、ナッジという手法自体の長所と欠点を一般的な観点から検討しなおす必要が認められるだろう。以下ではこの問題を、ナッジの原義に戻って考えてみたい。

「非強制的な誘導」とナッジの内在的美徳

実際のところ、サンスティーンとセイラーはもともと、担い手や課題・目的を限定せずにナッジを定義していた。いわく、「どんな選択肢も閉ざさず、また人々の経済的インセンティブも大きく変えずに、その行動を予測可能な方向に改める選択アーキテクチャの全様相」[Thaler and Sunstein 2008:6]。それは、強制にも経済的報酬にも理性的説得にも頼らずに相手の自発的協力を引き出すための誘惑の手法だ。ここに立ち戻ってみよう。

たしかにナッジには、幻惑的・詐術的な誘導や操作によって干渉される者の熟慮を迂回し、あたかも当人の選択であるかのように装って干渉者の責任を被干渉者に転嫁する余地がつねにある。しかしこの非強制的な誘導性は、ナッジ固有の美徳の源でもあることに注意が必要だ。ここではこの美徳を、協働の優先性と失敗への能動性、という視点からとらえてみたい。

干渉者が微弱な促し、控えめな誘いだけで相手の自発的な反応を誘い出そうとするとき、そこにはみずからの意図の実現よりも、社会的協働の実現のほうを優先しようとする態度が認められる。

ナッジはもちろん、第一義的には干渉する者の所定の意図――たとえば、社内婚活と社内結婚へのてこ入れ――をかなえる手段として構想され、実行される（第一階の政策＝ナッジの能動的側面）。しかしこの場合にも、この意図を強制や報酬、説得という強い手法に訴えず、干渉される側の自発的な選択を引き出すことで実現しようとしていることを忘れてはならない。ナッジする者は、あくまで被干渉者の力を借りてそのねらいを達成しようとしているのである。

またこれに加えて、ナッジは、所定の意図がどこでどんな反発を招くかを知るための手段としての役割も担っている。ナッジされた者は、自覚的あるいは無自覚的に、これに反する行動を選ぶかもしれない。強制や報酬、説得に頼らないということは、このような抵抗の余地を最大限に残しておく、という姿勢のあらわれともとれるのではないか。サンスティーンは、ナッジの挫折は干渉の目的や手法を見直すためのフィードバックを得る機会でもあると主張する［Sunstein 2017］。ナッジは、第一階の政策としての成功を自制することで、どんな目的を掲げ、どんな選択肢を示せばより広い協働が得られるかを探索する試行錯誤の手立てにもなりうるのである（第二階の政策＝ナッジの受動的側面）。

政府政策の道具としてナッジがもてはやされる背景に、今日の福祉国家がかつてほど広範な政治的合意や潤沢な財源をあてにできず、公私協働の名のもと、民間活力を新たな政策資源とせざるをえなくなった事情があることを思い出してほしい［本書「はじめに」7頁］。また、今日の政府ナッジの実施例の多くが、政策の構想や策定の前段階で行われる、パイロット的な政策実験のなかに見出されることにも、留意すべきだろう［OECD 2017］。政府もまた、自分の意図をやみくもに押し通せない場面でこそ、現時点で期待できる協働のかたちを探りあてるための探針として、ナッジを活用しているのである。

　だからこそ、「結果にコミットしすぎない」手法としてのナッジは、失敗を積極的に呼び込もうとする。安定した協働の可能性を幅広く見出すには、自分の意図が挫かれる場面とのその原因――それが被干渉者の信念、習慣、判断や行動選択といつどこでどの程度食い違うか――をなるべく精細に把握しなければならない。被干渉者がナッジの誘いどおりに行動したとき、そこにもたらされているのは欺きと操作によってでっち上げられた、脆弱な協働かもしれない。むしろナッジに抗してそこから離脱する人が現れたときにはじめて、より真正でしっかりした協働の可能性がとらえられるのではないだろうか。注意深い干渉者なら、どんな政策の失敗からも教訓的フィードバックを得るだろう。ただナッジは、その触角をできるかぎり鋭敏にはたらかせようとするのである。

　その意味でこの非強制性、謙抑性は、ナッジそのものに内在する美徳でもある。強制をともなわない微弱な干渉は、微弱であることによって被干渉者を協力者として誘いこみ、失敗の可能性を最大限に受け入れることで新たな協働の契機を最も鋭敏に感じとる。たしかにこの能力がまるごと否定的に作用する――任意性の偽装、干渉者の責任転嫁、熟慮的自律の侵害を招く――可能性は排除できない。しかしその危うさを理由に技術や手段そのものを破棄することは賢明でないし、そもそも不可能だ。とりくむべきは、ナッジが悪用される条件を特定してこれを防ぐ仕組みを考えることだろう。

アーキテクチャ、ナッジと自律性

ところで従来サンスティーンは、「選択アーキテクチャ」という言葉を用いて、人びとの判断や行動の選択に影響を及ぼす環境的要因全般の整備、設計の可能性を論じてきた。たしかに狭義のアーキテクチャとナッジとは人の行動選択の文脈に手を加えてその選択を誘導しようとする点では共通点をもつ（広義のアーキテクチャ［成原 2017:38f］）。しかしナッジの内在的美徳を社会的協働のための強制性の抑制に認めるならば、その志向においては両極にあるものとして理解した方がいいだろう。

ナッジが失敗の可能性を最大限に許容してこれを協働形成のためのフィードバックとして活かそうとするのに対し、狭義のアーキテクチャは、被干渉者の離脱と抵抗の余地を封じ込め、その意図を確実に実現しようとする点で、それは実質的に所定の意図以外のふるまいを許さない、強い干渉である。たしかに従来ナッジと呼ばれてきたもののなかにも、被干渉者の離脱可能性を実質的に狭め、成功の精度を高めるように設計されたものは多い。しかしナッジが過度に「結果にコミットする」方向に巧妙化し、精緻化されるならば、それは対極としての（狭義の）アーキテクチャに近づくいっぽうで、ナッジ本来の美徳を弱めてしまうのではないか。

従来、ナッジと（狭義の）アーキテクチャとを同質の企てととらえてこれを自律侵害的だと批判する声は、非教育的＝幻惑型ナッジが確実にその意図を達成するよう巧妙かつ精緻に設計された場合のことを念頭に発せられてきた［Rebonato 2012:132ff, 146f; 那須 2016:10f, 21f］。上述のような見方をとるならば、この種のナッジは、協働形成のためのフィードバックを得にくい（第二階の政策としての役割を果たせない）干渉であり、ナッジとしての内在的な美徳をみすみす手放しているのだ、と考えることもできるだろう。

しかし非教育的ナッジの自律侵害性批判を検討する際にいっそう重要なのは、そこで想定されている個人の自律性のとらえ方だ。それは通常、熟慮のうえでの自己決定にもとづいて自分の判断や行動を選びとることを主要件とする、熟慮的自律の考え方だろう。すなわち非教育的ナッジは、被干渉者の熟慮的判断を迂回し、「深く考えない」直感的、惰性的判断に訴えて一定の行動に導こうとする点で、詐術的、操作的だとされる。この種の非教育的ナッジ批判には、二通りの反論がありうる。

一つは、そもそも生身の人間はその選択の大半を熟慮的には行っていないのであり、もともと非熟慮的＝習慣的・惰性的になされている選択にナッジ的干渉を加えても、熟慮的自律の侵害にはあたらない、というものである。サンスティーンはこの見方にたち、非熟慮的な選択をより賢明な方向にナッジしてやれば、稀少資源としての熟慮的な自己決定能力をもっと大事な局面に無駄なく注ぎこめるようになるのだから、適切な非教育的＝幻惑ナッジはむしろ熟慮的自律を支援するはたらきをもつのだ、とさえ主張している。

ただしこの反論は、行動経済学の二重過程論に深く依拠しすぎているかもしれない。この図式には従来から多くの批判が寄せられているところであり［Kysar *et al.* 2006: 109f; 若松 2016: ch.7］、サンスティーン自身、システム1的なヒューリスティックスがシステム2的な熟慮よりも賢明かつ合理的な判断を下す可能性を認めている。しかしその場合には、熟慮的自己決定への非教育的ナッジによる干渉（つまり熟慮的自己決定の制約）も許されることになり、ナッジが熟慮的自己決定を尊重（あるいは促進）しているという彼の言い分自体が揺らぐことになるのではないか。

もう一つ考えられる反論は、熟慮的自律とは異なる自律像からのものである。それによると、個人の自律性は、熟慮の上での決定だけではなく、習慣的、惰性的な選択をもまたその本質的な構成要素としている。人はしばしば考えあぐねたあげくにその人らしからぬ——その人の人柄からは説明のつかない、また自分でも十分に得心のいかない——決断を下すことがあるし、また逆に、無意識の反応や反射的な選択のなかに、その人の人となりが色濃くあらわれることもある。人はしばしば、この種の「その人らしさ」を損なうはたらきかけを、その人の自律性への侵害、とみなしているのではないか。

この見方にたてば、人としての自律性は、当人のふるまいが一定の整合性と一貫性をもって安定しているかどうかで推し量られるべきである（これを統合的自律性像と呼ぶことにしよう）。このとき非教育的＝幻惑ナッジは、被干渉者の人格としての統合性をひどく歪めないかぎりは自律侵害的ではない。逆に、たとえそれが習慣的、惰性的な判断や行動選択にしか影響を与えない場合でも、この統合性を脅かす程度に応じて、自律侵害的だということになるだろう。

3 相互ナッジの海へ

強制・報酬・説得によらない微弱な誘導であることにナッジの特質を認める視点にたつと、そこからもう一つの眺望が開けるように思える。それは、相互ナッジのネットワーク、とでもいうべき眺めである。

ナッジをいつでも覆されうる誘い、控えめな呼びかけとしてとらえるならば、これを政府の規制手段だけにかぎってとらえることは、むしろ不自然なぐらいに狭い見方ではないか。ナッジとは要するに、ある人が、他人の判断や行動を意のままに支配する権利も能力もないことがらについて、それでもその譲歩を引き出し、あわよくば積極的な助力を得ようとするときに用いる身振りのことだ。だとすればそれは、むしろだれにとってもありふれた相互行為の一様式だといえるだろう。

ナッジする存在としてのヒト

もちろんそのなかには、強度や持続性の程度、影響の及ぶ範囲等々による区別が考えられる。長い退屈な話を聞かされたときのあくびのように反射的で非意図的なナッジもあれば、周到に仕組まれたトラップのような計画的、意図的なナッジもありうる。しかしここでの趣旨から注目しておく必要があるのは、これらが特定の個人や組織、機関に独占されるものではないこと、むしろそれらがつねに重層的かつ多元的に広がる影響関係のネットワークを形作っており、その一部は一方向的ではなく双方向的な**相互**ナッジ関係のかたちをとっていることである。

他人からナッジされた人は、これにいつも唯々諾々と従うとはかぎらない。たとえば電車の座席スペースをめぐる攻防のように、相手のナッジ（荷物を脇に置いたり、徐々に脚をずらしたり）に抗ってこちらからもナッジ（咳払いをしたり、目配せをしたり）を返すこともまれではないだろう。また別の場面では、人は他人のナッジに便乗して利益を得る（これはある意味で相互に利用しあう関係が成り立ったということだ）だけでなく、ハッカー的に他人のナッジを乗っ取り、それを自分のナッジ的手段へと換骨奪胎しようとするかもしれない［成原 2017:55ff, 60ff］[★5]。

さらにまた、対抗ナッジは、第三者から企てられる場合もあるだろう。政府が肥満防止のための種々のナッジをほどこしたとしても、食品会社はあの手この手の対抗ナッジ――新商品開発や広告、パッケージングや期間限定商品の販売など――を講じて消費者に高カロリーの食品の消費をうながすかもしれない。もちろんこれらの企業ナッジが功を奏する条件も、単純な干渉者―被干渉者関係の枠内ではとらえきれない。そもそも市場における競争の一部（マーケティング上の競争）は、企業間のナッジ戦略間の競争なのだから、この場合政府もまた、この競争に同等の資格で加わっているにすぎないのである。

これら多様なナッジの積み重ねを、すべて個人の習慣あるいは社会慣習の形成過程に結びつけることには無理があるかもしれない。しかし控えめに言っても、より明示的で自覚的な干渉手法としての強制、報酬、説得と比べ、ナッジの応酬が、人びとの日常の習慣や慣習の生成や変容をうながすはたらきをもたないとは考えにくい。社会規範の生成や変容の最も目立たない側面は、ナッジの織りなす重層的かつ多元的で双方向的な相互行為の網の目によって形作られているのである。

相互ナッジのネットワークのなかの政策的ナッジ

ナッジを含む政府による規制政策全般に対する懐疑的見解に反論し、サンスティーンが「選択アーキテクチャはなくならない（不可避だ）」というとき［Sunstein and Thaler 2003:1164, 1182f.; Sunstein 2014:16; Sunstein 2016:76ff］、彼の念頭にあったのはこの（相互）ナッジのネットワークを含む、広くて厚みのある行動選択の環境、諸前提だったのではないか。たしかに、人がこのナッジの網の目を完全に免れて生きることがありうるとは考えにくい。素朴な「自由放任」擁護論者の抱く自由観――自由とは周囲からの影響を完全に遮断して純粋な自発性が発揮できる状態のことだ、という理解――は、その意味で幻影にすぎないだろう。ナッジし、ナッジされることは人の社会生活の本質的な一部分なのだ。

ただし、選択アーキテクチャは、**つねに政府がパターナリスティックな配慮にもとづいて設計しなければならない**、というサンスティーンのより強い主張［Sunstein 2014:16, 118ff］まで鵜呑みにする必要はない。それは、「政府の不作為もまた（既存の選択アーキテクチャの黙認という意味での）アーキテクチャ構築的な選択とならざるをえない以上、そうした選択はすべて被干渉者に利益をもたらすものでなければならない」という彼の規範的コミットメントを強調するための修辞だろう。サンスティーン自身、政府だけが人びとの行為環境総体の庇護者的な管理責任を負うのだ、とまでいうつもりはないはずだ。意図的になされるナッジは相互ナッジの海のなかのごく一部分であり、政府によるナッジはさらにそのほんの一部分を担うにすぎない。

従来のナッジ論は、これを擁護するにせよ批判するにせよ、一対の干渉者―被干渉者関係からなる単純な図式にとらわれすぎてきたように思う。その結果、あたかもナッジの成否の鍵を人間の心理的傾向性だけが握っているかのような思い込みが幅を利かせてきたのではないか。しかしどんなナッジも、真空状態のなかで単独で作用する、ということはありえない。その背景にはかならず、重層的、多元的に交錯し、競合しあう既存のナッジの網の目がその文脈を形作っており、新たなナッジや反応としての対抗ナッジ、ナッジ・ハッキングは、すべてこの網の目のなかで試みられる。相互ナッジのネットワークは、これら多様なナッジのスキーム間の競合や補強、相補的な関係によって成り立っているのだから、どんな政策的ナッジも、この無数のナッジのせめぎあいのなかに新たに追加される一つの要素としてみる必要があるだろう。

前述のナッジの内在的美徳も、この観点からみたときにその意味がいっそうはっきりする。ナッジが成功するのは、それが広い行動環境の文脈のなかで大きな抵抗を被ることなく――既存の選択アーキテクチャによってうまく補強されるか、少なくとも葛藤を招くことなくニッチ的な位置を占めることに成功するかして——その思惑を達成できた場合のことだろう。ナッジが失敗するのはしばしばそれが被干渉者（または第三者）からの対抗ナッジやナッジ・ハッキングに遭遇するからであり、あるいは既存の個々人の習慣や社会的慣習の頑固さに屈するからだ。強制、報酬、説得を捨ててあえてナッジという手法に訴える者は、どんな協働の探究も先行するナッジの網の目を利用し、あるいはそれをかいくぐりながら進められるほかない、という認識を前提にしているはずである。

4 「ナッジとはなにか」から「よいナッジとはなにか」へ

ここで忘れてはならないのは、相互ナッジの海を形づくり、動かしているのは、あくまでも他人の行動を操り、支配しようとする意志と力のせめぎあいだ、ということである。たとえあからさまな強制というかたちをとらなくても、そこにはたらいているのは一種のパワー・ポリティクスにほかならない。あるときにはあるナッジが大きな抵抗にあうことなくその目的を達成し、またあるときには対抗ナッジやナッジ・ハッキングによって挫折させられる。この偶然的な力関係のなりゆきを、私たちはいつもあるがままに受け入れねばならないのだろうか。

ソフトなパワー・ポリティクスとその評価・規律

よいナッジを構想し、あるいは**悪い**ナッジへの抵抗を企てるには、このソフトな権力闘争のなりゆきを評価する実質的な価値基準が不可欠だ。ここまで私たちは、「どんな政策を追求するにせよ、ナッジという手法をとれば必ず追求することになる価値があるとすれば、それはなにか」という問いに関心を絞ってきたが、この新たな問いに答えるには、「ナッジによってどんな政策を追求するべきか、その根拠にはどんな規範理念がありうるか」というもう一つの考察を避けられない。

たとえば、リバタリアン・パターナリズムの提唱者としてのサンスティーンならこう考えるはずだ。パターナリストとしての彼はまず、多くの人びとの自由な行動が当人の利益になっていない――同じパタンで非合理的な過ちをくり返している――事例に着目し、どんな選択をうながせば各自の厚生を改善できるか、という観点から望ましいナッジを構想するだろう。しかし推奨された選択がどんな人にも等しく有益だとはかぎらない。だからこそ、ナッジのリバタリアン的側面、ナッジされる側の離脱や抵抗の余地を積極的に認めることにも固有の意義がある、とされるのである。

あるナッジが第一階の政策としてどの程度成功すべきか――第二階の政策としてどの程度の抵抗を許容すべきか――のバランスは、ナッジと対抗ナッジ、ナッジ・ハッキングが各人にどれだけの効用をもたらすか、という観点から見積もられる。ナッジへの抵抗もまた、つねに効用をもたらすとはかぎらない。望ましいナッジを設計し、その現実の帰結に評価を下すには、ナッジとそれへの抵抗との両方について、全体の利害得失を見極める必要がある。ナッジとナッジへの抵抗との適切な均衡は、社会全体の厚生をどこまで改善できるか、という尺度を用いて見出されるのだ。

ただしリバタリアン・パターナリズムの含意はここから先、いくつかの解釈に開かれている。一つはパターナリスティックな干渉が促進するべき「当人の利益」の内容にかかわる。サンスティーンは健康や富、安全といった万人受けする価値に加えて、当人の「自律」もそこに含めているが、この「自律」は熟慮的自律と考えるべきだろうか、あるいは統合的自律と考えるべきだろうか。前者ならば、ナッジ的干渉は十分な選択肢とそれに関する十分な情報を与える教育的＝目覚まし型のナッジでなければならないだろう。他方、後者をとるならば、熟慮を迂回する非教育的＝幻惑型のナッジであっても、当人の人格的統合性をそこなわずにその自律をうながせるかもしれない。

またさらに、種々のナッジへの抵抗も、とるべき自律像に応じて評価が変わってくる。たとえば、熟慮的自律像をとる場合、ナッジに対する自覚的、積極的な抵抗は、それ自体当人の自律性の表現として肯定的に評価されるだろう。しかしこの種の反発はしばしば近視眼的で、長期的には統合的な自律性をそこねてしまうかもしれない。そのいっぽう、習慣や惰性、意志の弱さに由来する無自覚的で消極的な抵抗は、熟慮的自律像からは自律性の欠如とみなされるかもしれないが、統合的自律像にとっては逆に個人の自律性の本質的要素として尊重されることになるだろう。

婚活ナッジを考えなおす

このあたりで、社内婚活ナッジに話を戻そう。

私たちがまず注目したのは、婚活へのはたらきかけが強制でも自由放任でもない「ナッジ」として行われることの意味だった。強調されたのは、ナッジ固有の美徳をその作用の微弱さに認め、それが干渉者から被干渉者への協働の呼びかけと、干渉の失敗の自省的活用をめざすものでもありうる、という解釈である。ナッジは他の干渉手法とはちがい、相手を自分の思惑どおりに動かそうとすると同時に、それに抗う相手の反応をも引き出そうとするという二重の企てとしての性質を帯びている。つまり婚活ナッジには、婚活をためらう人の背中を押そうとする側面だけでなく、それに反発する人の声を積極的に聴き取ろうとする側面も含まれているのだ。

　後者に着目するなら、婚活ナッジに対する無視、抵抗、逆用が生じることは、決して婚活ナッジの趣旨に反するものではない。婚活データベースへの登録を拒むのも、婚活パーティーを同僚との懇親の場として利用するのも、割り当てられたメンターを自分の労働環境をよくするための相談役に仕立てなおすのも（、給与上、人事上の優遇めあてに擬装結婚するのも？）、婚活ナッジの**ナッジとして**の美徳を活かす反応の一種である。婚活ナッジの是非を論じる際にも、またその効果を評価する際にも、私たちはまずナッジされる側からの反応の広がりを視野に収める必要があるだろう。

　もちろん、社内婚活ナッジへの抵抗がすべて手放しで肯定できるわけではない。サンスティーンのリバタリアン・パターナリズムは、婚活ナッジが未婚社員一人ひとりにどれだけの効用をもたらすか、総体としてそれがどの程度成功すれば全体の厚生を最大限に改善できるのか、という観点からナッジとそれへの抵抗との適正な均衡を見出そうとするだろう。

　どんな婚活ナッジが望ましいか、どの程度の抵抗を健全なものとして受け容れねばならないかは、この種の効用計算なしには決まらない。たとえば、かりに未婚社員のうち八割が実際に結婚を望んでおり、結婚すれば厚生の改善が望めるにもかかわらず、諸々の事情から婚活に二の足を踏んでいる、という状況がある場合には、実際に八割の未婚社員が結婚できるまで――婚活ナッジへの抵抗が二割を上回らないように――ナッジの強度を調節する（あるいは強制や経済的誘引などの手法に切り替える）ことが求められるだろう。

他方、リバタリアン・パターナリズムから離れ、未婚社員の自律性を最大限に尊重するよりリバタリアン寄りの立場をとったとしても、私たちの目的は一つに絞られるわけではない。多忙や怠惰、気遅れから婚活に踏み出せない人について、私たちはこの人には適切な自己決定が欠けているとみるべきなのか（熟慮的自律）、それともこの消極的な態度自体がその人の自律的人格の一要素だと考えるべきなのか（統合的自律）。後者の見方からすれば、たんに面倒だという理由だけで婚活を後回しにすることもまた、消極的な対抗ナッジとして尊重すべきだ、ということになるかもしれない。したがって、前者をとる場合には婚活パーティーへの参加をオプトアウト可能な全員参加方式とすること、あるいは参加費用を会社もちとすることが考えられるのに対し、後者をとる場合には参加はあくまでも各自の自由な選択にゆだね、あるいは参加費用も各自の自腹とすることが考えられるだろう。

あるいは、結婚後の生活や独身を貫いた場合の生活について、十分な情報を得た人の啓蒙された能動的選択を尊重すべきなのか（熟慮的自律）、その種の情報の歪みや偏りはそのままに、あるがままの個人の能動的選択や受動的受容にゆだねるべきなのか（統合的自律）。前者の立場をとれば、これらの情報をどんなかたちで提供すべきかが問題になる。さらに、ほんとうの意味での自律性の尊重には各自の自己決定の（パターナリスティックな）支援や促進が必要だ、と考えるならば、婚活にかかわる種々の選択――婚活はしない、という選択も含む――をうながすナッジが求められるかもしれない（この場合にも、多様なライフコースの可能性と各々に関する情報を、タイミングをはかりながら提供する教育的ナッジが有効だ）。このように、個人の自律性を他の価値に優先させる立場をとったとしても、それが推奨する選択アーキテクチャの設計は一通りには決まらず、自律性像とその評価をめぐるさらなる規範的議論が必要となってくるのである。

　まして、当人の利益や自律性への顧慮だけでなくより広く政策目的も視野に入れるならば、私たちの選択肢はいっそう広がることになる。社員の責任感、忠誠心の醸成や生産性の向上、さらなる人材確保といった目的のために、あるいは少子化と労働力不足を克服するための全社会的な長期戦略の一環として婚活ナッジを活用することは、どんな立場にたてば正当化できるのだろうか。その場合、どんな仕掛けによるナッジが最も望ましいだろうか。ナッジが多種多様な価値理念、政策目的に奉仕しうる多目的な手段である以上、私たちがどこでどんなナッジを活用するべきか、また現実のナッジの効果をどう評価してどんな方向に制御するべきかを見極めるには、ナッジそれ自体の特質をめぐる考察とは独立に、実質的な規範理論にかかわる考察が避けられなくなるのである。

注

★1　地域振興をかねた「街コン」イベントの開催、望みの相手を登録者のなかから見出せるマッチングアプリの開発、ブライダル業者によるパーティーやセミナーの提供など。そもそも「婚活」という言葉づかいには、独身者の結婚にむけた努力に対する心理的負担を除こうとするナッジ的意図が込められているようにも思える。

★2　企業における婚活ナッジの紹介は［石塚 2016］、政府の取り組みは［石塚 2019; 内閣府 2016; FNN.jp編集部 2018］を、また批判の例は［泉谷 2016; 竹下 2017］をみよ。

★3　これからのナッジのあり方を考えるにあたり、①や②を視野の外においてもよい、ということではない。まずは誰がナッジを用いようと、またどんな問題にナッジが用いられようと、この手法をとらないかぎりは生じることのない意義と弊害とを見定めておくことが、ここでのねらいである。

★4　教育的＝目覚ましナッジと非教育的＝幻惑ナッジの区別、批判とその応答については、［那須 2016：4f.; Sunstein 2016：32ff.; Sunstein & Reisch 2019：ch.7］をみよ。

★5　「対抗ナッジ」および「ナッジ・ハッキング」については、さしあたり次のように考えたい。前者は、あるナッジの（第一階の政策としての）目的を挫くために被干渉者または第三者が別途講じるナッジである。後者は、あるナッジの（第一階の政策としての）目的を挫くか、それとは異なる独自の目的を追求するために、当該ナッジが構築した行為環境を被干渉者または第三者が乗っ取り的に逆用ないし転用することである。

＊本章寄稿にあたり、那須は基盤研究（B）「気候変動への適応力のある社会システム構築に向けた法政策の理論分析」（課題番号 17H02445、2017-2020）の支援を受けた。

文献

Kysar, D.A. *et al.*, 2006, “Group Report: Are Heuristics a Problem or a Solution?”, in: Gerd Gigernzer and Christoph Engel (eds.) *Heuristics and the Law*, The MIT Press.

OECD 2017, *Behavioural Insights and Public Policy: Lessons from Around the World*, OECD Publishing, Paris. (http://dx.doi.org/10.1787/9789264270480-en)［齋藤長行監訳、濱田久美子訳 2018『世界の行動インサイト――公共ナッジが導く政策実践』明石書店］

Rebonato, Ricardo, 2012, *Taking Liberties: A Critical Examination of Libertarian Paternalism*, Palgrave Macmillan.

Sunstein, Cass, 2014, *Why Nudge?: Politics of Libertarian Paternalism*, Yale University Press.

Sunstein, Cass, 2016, *Ethics of Influence: Government in the Age of Behavioral Science*, Cambridge University Press.

Sunstein, Cass, 2017, "Nudges That Fail", *Behavioural Public Policy*, 1: 1, 4–25.

Sunstein, Cass and Reisch, Lucia A., 2019, *Trusting Nudges: Toward A Bill of Rights for Nudging*, Routledge.

Sunstein, Cass R. and Thaler, Richard H., 2003, "Libertarian Paternalism Is Not an Oxymoron", *The University of Chicago Law Review*,70:1159-1202.

Thaler, Richard H. and Sunstein, Cass R., 2008, *Nudge: Improving Decisions About Health, Wealth, and Happiness*, Yale University Press (Revised and Expanded Edition, Penguin Books,2009) ［遠藤真美訳 2009『実践行動経済学――健康、富、幸福への聡明な選択』日経BP社］

石塚由紀夫 2016「社員の婚活、企業が縁結び 人手不足で離職対策」NIKKEI STYLE, 二〇一六年一二月一八日（https://style.nikkei.com/article/DGXMZO10642420U6A211C1TZD000/）

石塚由紀夫 2019「結婚の壁越えろ 出生率低下、国が婚活支援」NIKKEI STYLE, 二〇一九年四月一三日（https://style.nikkei.com/article/DGXMZO87812410Y5A600C1NZBP00/）

泉谷由梨子 2016「『独身ハラスメント』批判の内閣府の婚活会議、提言案で『婚活メンター』などは削除」ハフィントン・ポスト二〇一六年一二月二〇日一六時五六分JST|更新二〇一六年一二月二一〇時一八分（https://www.huffingtonpost.jp/2016/12/20/dokushin_n_13737430.html?utm_hp_ref=jp-naikakufu）

FNN.jp編集部 2018「34歳以下の新婚さんに30万円あげます！「結婚新生活支援事業」知ってますか」FNN PRIME 二〇一八年八月二三日一八時三〇分（https://www.fnn.jp/posts/00353611HDK）

産経新聞「「婚活セクハラ」注意マニュアル 「縁結び」二の足の企業へ」産経新聞、二〇一八年一〇月二五日七時三一分（https://www.sankei.com/life/news/181025/lif1810250006-n1.html）

竹下郁子 2017「結婚しない選択はなし?『官製婚活』でお上が〝内政干渉〟」ＡＥＲＡ、二〇一七年三月二〇日号(AERAdot., https://dot.asahi.com/aera/2017031700021.html?page=1)

内閣府 2016「結婚の希望を叶える環境整備に向けた企業・団体等の取組に関する検討会の開催について」(https://www8.cao.go.jp/shoushi/shoushika/meeting/kigyo/index.html)

那須耕介 2016「リバタリアン・パターナリズムとその10年」社会システム研究 19: 1-35

成原慧 2017「アーキテクチャの設計と自由の再構築」松尾陽編『アーキテクチャと法——法学のアーキテクチュアルな転回?』弘文堂

若松良樹 2016『自由放任主義の乗り越え方——自由と合理性を問い直す』勁草書房

第3章 それでもアーキテクチャは自由への脅威なのか？

［〝デフォルト〟どれだけ気にしていただろう］

成原　慧

なりはら・さとし　1982年愛知県生まれ。九州大学法学研究院准教授。専門は情報法。特に表現の自由、プライバシー・個人情報保護、AI・ロボットと法について研究。著書に『表現の自由とアーキテクチャ』（勁草書房、2016年）、『人工知能と人間・社会』（共編著、勁草書房、2020年）、『アーキテクチャと法』（共著、弘文堂、2017年）。

現実世界において道路は、多様な行き先へと至る経路を作り出すことで、私たちの移動の自由を支えている。反面で、道路は、私たちが自由に移動できる範囲を制限し、行き止まりなどにより行く手を阻むこともある。

サイバー空間において検索エンジンの表示する検索結果は、さまざまなサイトの情報やリンクを表示することにより、私たちの知る権利を支えてくれる。反面で、検索結果のなかには、順位が低く見つけにくいサイトがあるだけでなく、一定の理由によりそもそも表示されないサイトもあり、検索エンジンで知ることのできる情報の範囲には一定の制約がある。

道路や検索エンジンは、私たちの行為の可能性の前提となる物理的・技術的構造であるアーキテクチャ［成原 2017：38-39］の一種ということができるが、それらのアーキテクチャは、私たちの自由を制約するのだろうか、それとも自由を拡げてくれるのだろうか。本章では、米国の情報法学者ローレンス・レッシグやキャス・サンスティーンらによるアーキテクチャに関する議論を比較検討することを通じて、アーキテクチャと自由の関係には二面性があることをあきらかにしたうえで、個人の自由を保障するためのアーキテクチャと法のかかわり方を示したい。

1　アーキテクチャ観の変容：自由への脅威から自由の礎へ

インターネットが急激に発展し一般に普及しはじめた二〇世紀末にレッシグがインターネット上

でアーキテクチャによる規制が自由へのあらたな脅威となることを問題提起して以来、情報法をはじめとする法学の世界においてアーキテクチャはおもに自由を制約する新たな「規制」の一種として理解されてきた。いっぽう、二一世紀初頭から、サンスティーンらは、アーキテクチャによる自由の創出・支援の可能性に光をあてはじめた。そして、情報化の進展にともなう個人の認知限界を越える情報量の増大やパーソナルデータを用いた情報環境のカスタマイズ化を背景に、二〇一〇年頃から先進各国においてサンスティーンらの議論をふまえて、アーキテクチャを積極的に活用した法・政策が広く取り入れられるようになった。すなわち、今世紀に入って以来二十年ほどのあいだに法学の世界におけるアーキテクチャのイメージは少なからず変容してきたのである。

アーキテクチャ／コードによる規制

一九九〇年代にインターネットが一般に普及すると、インターネット上に「サイバースペース」とよばれるコミュニケーションの空間が形成され、インターネットの先進的なユーザー、すなわち、サイバースペースの住民らにより、サイバースペースが政府による規制を受けない自由な空間として期待されるようになった。そうしたなか、レッシグは、インターネットでは個人の行動が法のみならず、性表現のフィルタリングや著作物の技術的保護手段など、アーキテクチャによっても制約されると指摘したうえで、アーキテクチャが、個人の自由を不透明な仕方で事前に規制することにより、法以上に個人の自由の脅威となりうると警鐘を鳴らした［Lessig 1999］。

レッシグがアーキテクチャによる規制を警戒するのは、アーキテクチャが、規制を受ける個人に規制を遵守するか否かを選択する機会も、不服従の余地も与えることがないため、より完全な遵守を期待できるいっぽうで、民主的な統制が困難になるだけでなく、不可視の抵抗不能な制約となることで、これまでにない自由への脅威となりうると彼が考えたからである［Lessig 1996: 1408］。

アーキテクチャによる自由の規制と構成

だが、アーキテクチャには自由を制約するだけでなく、創出・支援する側面もある［成原 2017：38-43］。法のなかには、道路交通法における速度の制限規定や不正アクセス禁止法における不正アクセス行為等の禁止規定のように一定の行為を制約するルールがあるだけでなく、憲法における統治機構の意思決定に関する規定や民法における契約の成立に関する規定のように行為の可能性を創出するものも含まれる。同様に、アーキテクチャのなかにも、フィルタリングやブロッキングのように一定の行為を制約するアーキテクチャだけではなく、道路や電話のように一定の行為の可能性を創出するアーキテクチャを見出すことができる。

レッシグも、アーキテクチャについて、個人の自由を規制する「剣」の側面のみならず、暗号技術などを例にして、個人の権利・自由を保護する「盾」の側面があることにも留意していた［Lessig 1999: 164-167］。それでもなお、レッシグは、先述したようなアーキテクチャが自由に与える脅威を重視し、おもにアーキテクチャによる自由の制約という側面に着目して、アーキテクチャ論を展開してきた。

選択アーキテクチャ／ナッジ

いっぽう、アーキテクチャによる自由の創出・支援の可能性に着目し、その理論化と実践を試みたのが法学者のサンスティーンと行動経済学者のリチャード・セイラーである。サンスティーンらは、個人の選択の自由を尊重しつつ当人の福利を改善することをめざす「リバタリアン・パターナリズム」の立場から、個人の選択の環境を構成する「選択アーキテクチャ」の設計を提唱した。彼らは、「選択アーキテクチャ」のなかでも、特定の選択肢を排除したり、インセンティブを大きく変えたりせずに、当人の利益になるように個人の選択に影響を与えるものを「ナッジ」と定義し、[★1] それを積極的に活用した政策を提唱した［Sunstein and Thaler 2003; Thaler and Sunstein 2008］。サンスティーンらの議論は、まもなく米国、欧州、日本など各国の現実の政策に採用されることになった。

ナッジには、エラーの予測・予防、フィードバックの提示、選択肢の体系化などさまざまな種類のものが含まれるが、以下では、①（個別化された）デフォルトの提示と、②セレンディピティのアーキテクチャを例に検討していきたい。

①（個別化された）デフォルトの提示　ナッジの代表例としてあげられるのが、デフォルトの提示である。デフォルトは、利用者がそれ以外の選択肢をとりうるという意味で、オプトアウトの自由を

確保しつつ、多くの利用者の行動を一定の方向に誘導することができる。たとえば、スマートフォンのアプリにおいてデフォルトで「位置情報を提供する」と設定されていれば、多くのユーザーはそのまま位置情報を提供することになるだろう。

また、今日では、ウェブの閲覧履歴や商品の購入履歴など個人の選択の履歴を記録したパーソナルデータにもとづいて、各々の個人に最適化するようにカスタマイズされたナッジ、すなわち、「個別化（personalized）されたデフォルト」が提供されるようになっている［Sunstein 2015：邦訳 ch.6 等］。個別化されたデフォルトは、人びとの多様な選好に応じて、各々の個人に最適化されたデフォルトを提供することにより、一律のデフォルトの場合にくらべ、よりきめ細やかに、個人の選択を支援することができる。たとえば、YouTubeは、ユーザーの視聴履歴にもとづいて、ユーザーが次に見るべき動画をデフォルトで表示してくれる。

他方で、個別化されたデフォルトは、個人から選択の負担を免除することにより、学習の機会を奪うとともに、過去の選択の履歴にもとづいているため、個人の視野を狭めてしまうおそれもある［Sunstein 2015：邦訳 22］。たとえば、YouTubeで過去の視聴履歴にもとづくおすすめの番組がデフォルトで表示され続けるとしたら、ユーザーは、みずからの従来の興味関心から外れたあらたな趣向の動画に接する機会を奪われ、視野狭窄に陥るおそれもあるだろう。

② **セレンディピティのアーキテクチャ**　サンスティーンは、選択アーキテクチャを「コントロールのアーキテクチャ」と「セレンディピティのアーキテクチャ」に区別することがある。「コントロ

ールのアーキテクチャ」は、個人のコントロールないし選択を反映するアーキテクチャである。先述した「個別化されたデフォルト」は、個人の選択の履歴などにもとづき形成される点で、個人のコントロールないし選択を反映しており、「コントロールのアーキテクチャ」にあたる。いっぽう、「セレンディピティのアーキテクチャ」は、個人の選択にかかわらずに、個人に思いがけない発見を可能にするアーキテクチャである。都市の公園や道路のように、「セレンディピティのアーキテクチャ」は、個人に、みずからの過去の選択にかかわらず、さまざまな情報や出来事と偶然に接する機会を提供してくれる［Sunstein 2015：邦訳 119-120, 171-173］。

サンスティーンによれば、道路や公園など公共の場を表現活動のために利用する権利を保障するパブリック・フォーラムの法理は、「セレンディピティのアーキテクチャ」を創出することにより、人びとがあらかじめ予期も選択もしなかったような見解に遭遇する機会を確保し、人びとの認知の多様性を促進する。たとえば、私たちは週末に公園で散歩するとき、思いがけずデモに遭遇し、自分とは異なる意見に遭遇することがある。これがパブリック・フォーラムの法理が創出する「セレンディピティのアーキテクチャ」が果たしている機能だというわけだ［Sunstein 2009: 80, 154-157］。

いっぽう、インターネットでは、YouTubeやAmazonのおすすめのように、過去の購買履歴や視聴履歴にもとづいて個人にカスタマイズされた情報を提供するメディアが有力になっている。だが、市民が多様な情報や見解にふれて民主政治の過程に参加することを可能にするためには、インターネット上でも都市の公園・道路に相当するような「セレンディピティのアーキテクチャ」を構築することが課題となっている。このような問題意識をふまえ、民間のネット事業者による自主的な取り組みもはじまっている。たとえば、スマートニュースの米国版のアプリは、閲覧履歴などをもとにユーザーの関心に応じたニュースを表示するいっぽうで、みずからの関心のある情報にのみ取り囲まれる「フィルターバブル」とよばれる現象を防止するために、「政治的にバランスをとるアルゴリズム」(Political balancing algorithm)とよばれるコードを実装し、ユーザーの選好と異なるメディアのニュースもさりげなく表示することで、ユーザーが多様な見解に接するように設計されている。この仕組みにより、たとえば、フォックス・ニュースが好きで、ニューヨーク・タイムズが嫌いな保守派のユーザーにも、ニューヨーク・タイムズの記事がさりげなく表示されるようになるというわけだ[田中 2017; Takahashi 2018]。

もっとも、アーキテクチャの設計が巧妙に行われる今日の情報社会では、思いがけない出会いですらも、自然の偶然の産物ではなく、アーキテクチャの設計者により意図されたものであり、それゆえ、設計者により恣意的に操作されるおそれがある点には留意する必要があるだろう。たとえば、あなたがＳＮＳで思いがけない情報や意見に接したとしても、それはＳＮＳ事業者が広告主の意向を受けて表示されるように巧妙に設計された結果かもしれない。

2 自由の礎にひそむ自由への脅威

ここまでみてきたように、サンスティーンらにより私たちの自由を創出・支援するアーキテクチャに光があてられ、今日では各国の法・政策においてもアーキテクチャが積極的に活用されるようになっている。しかし、私たちの自由を創出・促進するために設計されたアーキテクチャであっても、それにより、私たちの自由が制約されたり、操作されたりすることがある。

コード・ナッジ・告知

情報法・ロボット法の気鋭の若手研究者として知られるライアン・カロは、「コードを書くべきか、ナッジすべきか、告知すべきか、それが今日の規制主体が直面する問題だ」と述べ、市民の行動を規制する手段として①コード、②ナッジ、③告知（notice）の比較検討を試みている。カロによれば、レッシグらの議論をふまえ、①アーキテクチャまたはコードは、一定の行為を困難にするように物理的またはデジタルな環境を改変すること、サンスティーンらの議論をふまえ、②リバタリアン・パターナリズムまたはナッジとは、人間のバイアスを利用してよりよい政策結果の実現へと誘導すること（個人の合理的選択からの逸脱を当該個人または社会の利益のために利用すること）、③情報公開（disclosure）または告知は、組織がみずからの実務または製品についての情報を個人に提供することと整理される［Calo 2014: 775, 778-789］。

カロによれば、コード、ナッジ、告知は、概念上の区別であり、実質的にはそれらが重なりあっていることも多い。すなわち、三つの規制手段のあいだには、相違点があり、法的にも異なる評価を受けているが、共通する仕組み（法以外の手段により個人の行動に影響を与えようとする点など）や問題点（制定・執行の手続きが定められている法規制とは異なり手続的保障を欠いている（または不十分である）点など）も多く、現実の規制手段を三つの手法のいずれかに分類することは難しい。

たとえば、ニューヨーク市による砂糖入り飲料のサイズを制限した規制を例にとると[★2]、サイズの制限は、砂糖入り飲料の飲みすぎを物理的に困難にする点で、コードととらえることができる。いっぽう、消費者は、複数のカップを購入することにより、当該規制のねらう効果をオプトアウトできる点で、それはナッジともいえる。また、消費者に砂糖入り飲料の過剰な消費の危険性を警告する点で、それは告知にも類似している。アーキテクチャによる規制の例としてあげられることの多い道路上に設置されたスピードバンプも、ドライバーが車の速度を落とさないという選択（オプトアウト）も可能だという点に着目すれば、ナッジといえるし、減速すべき区間であることをドライバーに警告する点に着目すれば、告知ととらえることもできる[★3]［Calo 2014: 776, 792-794］。すなわち、規制の背後にある理由や論者の着目する視点によって、同じアーキテクチャが、自由を制約するコードととらえられることもあれば、自由を創出・支援するナッジととらえられることもあるのだ。

このようなカロの議論に鑑みると、コード、ナッジ、告知は相対的な概念であり、それらの中間に位置するナッジには、コードと告知との二面性、そして、アーキテクチャと情報との二面性をみてとることができるだろう。たとえば、世界各国によるナッジを用いた政策を分析したＯＥＣＤの報告書『世界の行動インサイト』では、受動喫煙を防止するために喫煙者を指定された喫煙ゾーンへと誘導するナッジとして、①床にタバコのイラストと喫煙ゾーンへのメートル数を表示したステッカーを貼り喫煙者を喫煙ゾーンへと誘導する、②喫煙ゾーンを黄色のテープで囲み、そこにタバコのアイコンを描き、黄色い円筒形の灰皿を置くことにより、喫煙ゾーンを明確に指示する、③喫煙ゾーンのなかで喫煙するよう、環境のアフォーダンスにより誘導するためにベンチの位置を移動するという、コペンハーゲン空港の取り組みが紹介されている［OECD 2017：邦訳 263-267］。コペンハーゲン空港のナッジにおいて、③は、アフォーダンスにより、利用者の行為を物理的に誘導している点で、アーキテクチャといえるいっぽうで、①と②は、喫煙者に喫煙ゾーンへのルートやその範囲に関する情報を提供することにより、彼らの心理にはたらきかけて行為を誘導している点で、告知ととらえることができるだろう。

視点に依存するアーキテクチャの現れ方

砂糖入り飲料のサイズの制限やスピードバンプに関するカロの議論も示唆しているように、アーキテクチャは、私たちの認識から独立にもっぱら客観的に存在するものではなく、私たちの用いる概念により立ち現われ、変化しうるものである。たとえば、「選択アーキテクチャ」または「ナッジ」は、選択肢Aと選択肢B（あるいは選択肢「Xする」／「Xしない」）を構成する、といわれる。だが、そのとき見逃されているのは、あらかじめ選択肢から排除されている選択肢Cの存在である。たとえ、選択アーキテクチャの構成する選択肢の集合に選択肢Cが加わったとしても、ほかの選択肢Dが排除されている可能性は消え去らない。つまり、アーキテクチャは、つねに、一定の範囲の選択肢を構成する反面で、それ以外の選択肢を排除しているのだ。しかし、「選択アーキテクチャ」または「ナッジ」の概念は、一定の選択肢の内部の構造に着目するいっぽうで、排除された選択肢に目を向けない。[★4]サンスティーンが例にあげる書棚に即していえば、選択アーキテクチャ／ナッジ論は、書棚のなかで、どの本が手に取りやすい位置におかれているかに着目するいっぽうで、書棚からいかなる書籍が排除されているかには関心を寄せない。そこで、ふたたび重要な役割を担うのが、レッシグの提示した「アーキテクチャ」（による規制）の概念である。それは、私たちの前から一定の選択肢があらかじめ見えないところで排除されている可能性を提示し、私たちにアーキテクチャによる自由の剝奪の可能性を認識させるのである［成原 2017：51-52］。

自由と強制の連続性

そもそも、サンスティーンらの議論において、規制とナッジの区別、あるいは強制と自由の区別は、理念的なものであり、両者は事実上連続的なものとしてとらえられている。サンスティーンらによれば、法により禁じられた行為であっても、刑事罰などサンクションを受けるリスクを負えば、個人はそれに違背することができる。その意味で、刑事罰など法的なサンクションも一種のコストととらえられる。いっぽう、ナッジであっても、個人がデフォルトと異なる選択肢を選ぶこと（オプトアウト）に実質的なコストを課すものも含まれる［Sunstein and Thaler 2003: 1189-1190］。つまり、強制であれ、誘導であれ、選択アーキテクチャの設計を通じて行為者のコストを調整することにより、行為者の行為選択を一定の方向に導いていくことが目指されていることに変わりはない［那須 2016：4-5］。

同様に、アーキテクチャによる規制とナッジも連続的なものといえる。アーキテクチャによる規制のなかにも違背可能なものがあり、ナッジのなかにもオプトアウトに実質的な負担を課すものが含まれることなどに鑑みると、両者はそもそも連続的であり、両者の区分は規制の実効性ないし蓋然性の程度のちがいにすぎないといえるかもしれない［Calo 2014:793-794］。

アーキテクチャの設計による個人の目的・選好の操作

アーキテクチャの設計者は、アーキテクチャのデザインを通じて、個人の意思決定を操作することができる。たとえば、アプリの設計者は、そのデザインを通じて、利用者がみずからのパーソナルデータを提供するように誘導することができる［Hartzog 2018：21-55］。この例では、設計者がアプリの利用者からみずからのビジネスに有用なパーソナルデータをできるだけ収集できるように選択アーキテクチャを設計していることが念頭におかれているが、かりにサンスティーンらが推奨しているように、設計者が利用者にとって最善の選択肢を利用者が選択するように選択アーキテクチャ（ナッジ）を設計したとしても、設計者による個人の意思決定の操作の可能性という問題が消えるわけではない。

というのも、リバタリアン・パターナリズムにおいて選択アーキテクチャ（ナッジ）の設計者は、本人にとって最善の選択肢を本人が選択するように、デフォルトを設定するなど、選択アーキテクチャを設計することが求められるが、その際、何が本人にとって最善の選択であるかは、あらかじめ本人に聞くことは困難であるため、設計者が判断せざるをえない。したがって、行為者は、設計者が独善的ないし恣意的に設定した目的の受容を強いられるおそれがある。また、選択アーキテクチャの設計者は、行為者自身にとって望ましいと思われる目的をみずから設定するが、その際に行為者の利益と社会全体の利益や設計者の利益が混同されるおそれもある［那須 2016：10-11; Rebonato 2012: 232-236］。たとえば、スマートフォンやアプリの設計者がパーソナルデータの保護と利活用のどちらを重視することが利用者の利益になると判断するかによって、パーソナルデータの提供のあり方に関するデフォルト設定のあり方が大きく左右される。あるアプリの開発者は、プライバシーをできるだけ保護することが利用者の福利に寄与すると考え、デフォルトで位置情報を提供しない設定でアプリを提供するだろう。いっぽう、別のアプリの開発者は、パーソナルデータをできるだけ収集し個人に最適化されたサービスを提供することが利用者の福利に寄与すると考え、デフォルトで位置情報を提供する設定でアプリを提供するだろう。どちらのアプリの開発者も、少なくとも主観的には利用者の福利の増進を意図してアプリのデフォルトを設計しているため、リバタリアン・パターナリズムの要請を満たしている。すなわち、リバタリアン・パターナリズムの要請にかなったナッジの設計を行う際、実務上、何が個人の幸福なのか、何が個人の福利に資するのかという判断は、相当程度、設計者の裁量に委ねられざるをえないのである。

リバタリアン・パターナリズムにおける個人の行為の目的や選好がアーキテクチャの設計者の選択に依存している点はサンスティーンも自覚的であるように思われる。彼によれば、みずからが何を目指したいのかという個人の選好すらも、個人を取り巻く選択アーキテクチャのあり方に依存している面がある。すなわち、私たちの選好は、あらかじめ固定されておらず、デフォルトなど個人を取り巻く選択アーキテクチャのあり方に影響を受けて作り出されたり、修正されるものである。それゆえ、個人の選好を選択アーキテクチャから独立に判定することは困難である［Sunstein 2019:81-91, 114］。

サンスティーン自身も認めているように、個人の選択の自由を尊重する選択アーキテクチャであっても、現職への投票をうながすように設計された投票用紙のように、選挙権など個人の権利を侵害するおそれのあるものを想定できるし、サブリミナル広告のように、個人の意思決定を操作するおそれのあるものも想定できる。このような認識をふまえ、サンスティーンらは、「ナッジのための権利章典」を提案し、政府がナッジを用いる場合には、正当な目的を達成するために、透明性を確保しつつ、人びとの価値および利害と合致するように、個人の権利を尊重する仕方でナッジを用いなければならず、個人の意思形成を操作するためにナッジを用いてはならないという原則を示している。もっとも、サンスティーンらによれば、この原則は推定的なものであり、やむにやまれぬ正当化理由により覆される場合があるとされている［Sunstein and Reisch 2019:130-134］が、たとえば、どのような場合に操作が許容されるかについて具体的な基準は示されていない。

3 ナッジの法的統制

そこで次に、米国の裁判例等を手がかりに、①政府に（強いられた私人に）よるナッジの提供と、②私人によるナッジの提供とに場合分けして、ナッジが許容される具体的な基準を探求していきたい。

政府に（強いられた私人に）よるナッジの提供

ナッジによる個人の意思決定の操作の法的統制のあり方を考えるうえで参照に値するのが、タバコの警告表示規制の合憲性を判断した米国の裁判例である。二〇〇九年に制定された家族喫煙防止タバコ規制法は、喫煙の危険性について視覚的な警告をタバコのパッケージに表示するようタバコ製造業者に義務づけている。タバコ製造業者らにより同法に対する違憲訴訟が提起されたところ、第六巡回区控訴裁判所は、タバコのパッケージに視覚的な警告の表示を義務づけた同法の規定について、消費者が喫煙に関する意思決定を行うために必要な喫煙の健康上のリスクに関する事実を消費者に情報提供しているにとどまることなどを理由に、当該規制は、消費者への欺瞞を抑止するという利益（規制目的）の実現に合理的に関連したものであるとして、合憲性を認めた。★5

いっぽう、同法にもとづき米国食品医薬品局（ＦＤＡ）が定めた視覚的な警告の内容を具体的に定めた規則についても違憲訴訟が提起されたところ、D.C.巡回区控訴裁判所は、当該規則により義務づけられた警告は、喫煙の危険性について純粋な事実や論争の余地のない情報を伝達するものではなく、消費者の情動的な反応を促し、衝撃を与えることにより、消費者にタバコの購入を控えさせることをねらったものであると評価し、このような警告の強制は「強いられた営利的言論」にあたるとして、「セントラル・ハドソン・テスト」とよばれる中間審査基準[★6]により合憲性を審査した。そして当該規則により義務づけられた警告が喫煙者数を減少させるという規制目的を達成することをあきらかにする証拠となるデータをＦＤＡが提示できていないことなどを理由に、当該規則を違憲無効とした[★7]。

以上の裁判例をふまえ、カロは、タバコの警告表示規制に関する米国の裁判例は、タバコ製造業者に表示が義務づけられた警告が、消費者へのたんなる情報提供にとどまっていると判断した場合には、合憲性を認めるが、それが消費者の行動の変容をねらったものであると判断した場合には、「強いられた言論」にあたるとして、合憲性を厳格に審査するという姿勢をとっていると述べている。すなわち、カロによれば、政府により義務づけられた警告の表示が、「告知」にとどまるとされた場合には合憲性が認められ、警告が「コード」または「ナッジ」にあたるとされた場合には違憲だと推定されるというのだ［Calo 2014: 776-777, 793］。また、山本龍彦も、R. J. Reynolds Tobacco Co. 判決を踏まえ、日本の個人情報保護法における個人データの第三者提供等への同意の実質化をはかるための告知方法の規制のあり方について、企業の消極的表現の自由の侵害にあたりうるという憲法問題を回避するための配慮として、政府が企業に消費者への視覚的・直感的告知を要求するとしても、その目的は、あくまでも個人がみずからのプライバシー選好にもとづいて行動するために必要な情報を提供すること（告知）にとどまるべきであり、個人の選好を操作すること（誘導）であってはならないと述べている［山本 2017: 167-168］。

もっとも、同判決については、以下で述べるように、政府によるナッジ等の利用を全面的に禁止するものではなく、その射程も限定的であることに留意する必要がある。まず、同判決から読み取れるように、米国の裁判例においても、個人の情動的な反応をうながし、行動を変容しようとする警告表示の強制であれば、ただちに違憲とされるわけではなく、純粋な事実または情報の提供を義務づける場合よりも、合憲性の審査基準が高められるにすぎない。実際、同判決では、政府側が警告表示により規制目的を達成することができるという証拠となるデータを提示できなかったことが違憲判断の決め手となっていた。つまり、同判決は、政府が私人の言論を通じてナッジ等を用いた規制を行うのであれば、政府は、規制手段により規制目的を達成できることを明らかにするデータに依拠するなど、証拠にもとづく政策決定（Evidence-Based Policy Making）[★8]を行わなければならないと要請したものと理解することができよう。したがって、証拠にもとづく政策決定によりナッジ等を用いた規制が選択され、当該規制により実質的な利益が促進されることが明らかにされれば、政府が私人に対して一定の観点からナッジを強制することが合憲となりうる余地はある。また、同判決の射程は、あくまでも言論の自由として保障される警告表示の強制についてのものであり、政府が企業など私人に第三者の行動を変容させる効果をもつコードまたはナッジを義務づけたとしても、もっぱら物理的な行為としての性質をもっていることなどを理由に、言論の自由の保護範囲に含まれないと判断されれば、言論の自由による手厚い保障は受けられず、当該規制の合憲性が認められる余地は広くなるだろう。

私人によるナッジの提供

いっぽう、企業が自主的にナッジまたは告知を行う場合には、企業によるナッジ等の提供については、私的自治の観点から、原則として広範な自由が認められることになると考えられるが、企業がナッジ等により個人の意思決定を不当に操作していると評価されたときには、私法の一般条項や消費者法による規制を受ける余地がある。たとえば、米国では、一九九〇年代後半以降、連邦取引委員会（ＦＴＣ）により、「不公正または欺瞞的な行為または慣行」を規制したＦＴＣ法五条にもとづいて、企業のプライバシー・ポリシーや広告を見た消費者の期待・信頼に反する仕方で個人情報を収集・利用・提供した企業などに執行が行われているが［Hoofnagle 2016: 邦訳 1-72］、近年のＦＴＣによる執行では、個人情報を収集・利用する企業のサービスやウェブサイトのデザインのあり方も評価の対象となっている。

たとえば、フロストワイヤ（Frostwire）社の提供していたＰ２Ｐネットワークを利用したファイル共有アプリが、利用者にアプリの操作方法を十分に説明することなく、利用者が知らないうちに自身の端末上に保存された写真や動画のファイルをデフォルトでほかの利用者と共有する設定となっていたところ、ＦＴＣは、このアプリのインターフェイスのデザインが「不公正なデザイン」にあたるなどとして、その是正などを求める同意判決を発した。[★9] また、スナップチャット（Snapchat）社は、写真共有アプリを、利用者が写真をみずからの設定した期間のみ掲載することができ、期間の経過後には写真が消去されることを謳って提供していた。スナップチャットのインターフェイスも利用者のこのような期待の形成に寄与していたが、実際には第三者の作成したアプリやスクリーンショットの機能を用いることにより他の利用者が継続的に写真を保存することが可能になっていた。さらに、スナップチャットは、「友だちをさがす」機能を備えており、そのインターフェイスを通じて、ユーザーに自身の電話番号を提供すればこの機能を使えるという印象を与えていたが、実際には、この機能を使うと、自身の電話帳に登録されていたすべての連絡先の氏名と電話番号が収集される仕組みになっていた。そこで、ＦＴＣは、スナップチャットのインターフェイスが欺瞞的であるなどとして、その是正などを求める同意命令を発した。[★10]

このように、今日の米国では、ＦＴＣなどの規制機関により、個人のプライバシーを保護するために、個人の選択の自由に委ねるだけではなく、個人の選択の前提となる企業によるアーキテクチャのデザインへの介入が模索されるようになっている［Hartzog 2018］。ＩｏＴ、ビッグデータ、ＡＩの発展により、プライバシーにかぎらず、個人のさまざまな権利・自由の行使が今後ますます、企業によってデザインされるアーキテクチャに依存するようになることが予想される。各国の国民と政府は、こうした自由の前提条件の変容を見据えつつ、本章で明らかにしてきたアーキテクチャと個人の自由との関係の二面性をふまえ、国家が企業によるアーキテクチャのデザインのあり方にどこまで介入すべきなのか吟味し、アーキテクチャのデザインに対する法的規制の役割と限界を模索していくことを求められているのだ。

4 アーキテクチャと自由の二面性に向きあい続けること

私たちに多様な選択肢を与えてくれるアーキテクチャであっても、しばしば私たちの選択の自由をみえないうちに一定の範囲で制約している。また、アーキテクチャは私たちの選択の自由を支援してくれることがあるいっぽうで、私たちの選択を一定の方向に誘導し、意思決定を操作することもある。つまり、アーキテクチャは、往々にして自由にとって礎であるとともに脅威でもあるのだ。私たちは、このようなアーキテクチャが有する自由にとっての二面性と向きあい続けなければならない。さもなければ、アーキテクチャを自由の礎として盲信し、知らぬ間に自由を奪われてしまうか、アーキテクチャを自由への脅威として拒絶し、それが本来可能にしてくれたはずのあらたな自由の領域を無に帰してしまうという、不毛な二者択一に陥ってしまうからである。アーキテクチャが自由との関係で有するこのような二面性は、従来から法と自由のあいだに存在してきた古典的な問題を再演しているともいえる。だが、十分に意識されないままに、私たちの行為の可能性の前提として遍在し、あまねく人為的な設計の対象となりつつあるアーキテクチャの場合には、このような二面性を認識し、それに依存した自由の創出・拡大を図ることは、いっそう切実で喫緊の課題といえよう。

アーキテクチャと自由の二面性に向きあいつつ、私たちの自由の範囲を画定する新たな権力を飼いならし、自由を創出・支援するためには、本章で検討してきた米国の裁判例等をふまえ、公私の主体によるアーキテクチャを用いた操作の法的統制のあり方を模索していくことが求められる。

注

★1 サンスティーンの「選択アーキテクチャ」は、レッシグの「アーキテクチャ（による規制）」概念とは異なり、基本的に個人の選択肢を構成し、個人の自由を拡大するものとしてとらえられている。また、サンスティーンは、本文で述べたとおり、ナッジを選択アーキテクチャの部分集合として位置づけているが、しばしば選択アーキテクチャとナッジという概念を互換的に用いることがある。

★2 業界団体が当該規則の違憲訴訟を提起したところ、ニューヨーク州上訴裁判所は、当該規制が規制当局の権限を逸脱して制定されたことを理由に、当該規則を無効とした原審の判断を支持した。New York Statewide Coalition of Hispanic Chambers of Commerce v. New York City Dept. of Health & Mental Hygiene, 16 N.E.3d 538 (N.Y. 2014).

★3 スピードバンプのナッジまたは告知としての側面は、物理的なスピードバンプではなく、ドライバーの錯覚を利用したバーチャルなスピードバンプ（ボールを追って道路に飛び出す少女の立体画像など）の場合には、いっそう明白なものとなるだろう（[Calo 2014：776, 792］参照）。

★4　サンスティーンの立場からは、このような隠された選択肢に目を向けるものとしてセレンディピティのアーキテクチャの役割が期待されることになるかもしれない。しかし、セレンディピティのアーキテクチャがいかなる選択肢を包摂し、その発見をうながすかは、アーキテクチャの設計者の裁量に委ねられており、設計者により採用されなかった選択肢は依然として排除されることになるといえよう。

★5　Disc. Tobacco City & Lottery, Inc. v. United States, 674 F.3d 509, 556–61 (6th Cir. 2012), cert. denied, Am. Snuff Co., LLC v. United States, 133 S. Ct. 1996 (2013).

★6　セントラル・ハドソン・テストは、営利的言論の規制に適用される合憲性審査基準であり、当該基準のもとで規制の合憲性が認められるためには、政府が①規制目的が実質的な利益であること、②規制が直接に当該利益を促進すること、③規制が当該利益を達成するために必要以上に広汎でないことを立証する必要がある（Cent. Hudson Gas & Elec. Corp., v. Pub. Serv. Comm'n, 447 U.S. 557(1980)）。

★7　R.J. Reynolds Tobacco Co. v. FDA, 696 F.3d 1205 (D.C. Cir. 2012).

★8　証拠にもとづく政策決定につき、［大屋 2019］参照。

★9　FTC v. Frostwire, LLC, No. 1:11-cv-23643 (S.D. Fla. Oct. 12, 2011).

★10　In the matter of Snapchat Inc., FTC Docket No. C-4501 (Dec. 23, 2014).

文献

Calo, Ryan, 2014, "Code, Nudge, or Notice?", *Iowa Law Review*, 99：773.

Hartzog, Woodrow, 2018, *Privacy's Blueprint: The Battle to Control the Design of New Technologies*, Harvard University Press.

Hoofnagle, Chris, 2016, *Federal Trade Commission Privacy Law and Policy*, Cambridge University Press.［クリス・フーフナグル、宮下紘＝板倉陽一郎＝河井理穂子＝國見真理子＝成原慧＝前田恵美訳 2018『アメリカプライバシー法――連邦取引委員会の法と政策』勁草書房］

Lessig, Lawrence, 1996, "The Zones of Cyberspace", *Stanford Law Review*, 48：1403.

Lessig, Lawrence, 1999, *Code and Other Laws of Cyberspace*, Basic Books. [ローレンス・レッシグ、山形浩生＝柏木亮二訳 2001『コード――インターネットの合法・違法・プライバシー』翔泳社]

OECD 2017, *Behavioural Insights and Public Policy : Lessons from Around the World*, OECD Publishing, Paris. (http://dx.doi.org/10.1787/9789264270480-en) [齋藤長行監訳、濱田久美子訳 2018『世界の行動インサイト――公共ナッジが導く政策実践』明石書店]

Rebonato, Ricardo, 2012, *Taking Liberties: A Critical Examination of Libertarian Paternalism*, Palgrave Macmillan.

Sunstein, Cass R. and Thaler, Richard H., 2003, "Libertarian Paternalism Is Not an Oxymoron", *The University of Chicago Law Review*, 70:1159-1202.

Sunstein, Cass R., 2009, *Going to Extremes: How Like Minds Unite and Divide*, Oxford University Press.

Sunstein, Cass R., 2015, *Choosing Not to Choose: Understanding the Value of Choice*, Oxford University Press, 25-52. [伊達尚美訳 2017『選択しないという選択――ビッグデータで変わる「自由」のかたち』勁草書房]

Sunstein, Cass R., 2019, *On Freedom*, Princeton University Press.

Sunstein, Cass R. and Reisch, Lucia A., 2019, *Trusting Nudges: Toward A Bill of Rights for Nudging*, Routledge.

Takahashi, Dean, 2018, *SmartNews app reaches 10 million monthly users as it counters fake news*, VentureBeat, July 16, 2018. (https://venturebeat.com/2018/07/16/smartnews-app-reaches-10-million-monthly-users-as-it-counters-fake-news/)

Thaler, Richard H. and Sunstein, Cass R., 2008, *Nudge: Improving Decisions About Health, Wealth, and Happiness*, Yale University Press (Revised and Expanded Edition, Penguin Books,2009) [遠藤真美訳 2009『実践行動経済学――健康、富、幸福への聡明な選択』日経ＢＰ社]

大屋雄裕 2019「政策と実践――ＥＢＰＭの限界と可能性」情報法制研究 6：3-10

田中徹 2017「スマートニュースがファクトチェックを支援する理由」DG Lab Haus (https://media.dglab.com/2017/11/22-factcheck-01/)
那須耕介 2016「リバタリアン・パターナリズムとその10年」社会システム研究 19: 1-35
成原慧 2017「アーキテクチャの設計と自由の再構築」松尾陽編『アーキテクチャと法』弘文堂
山本龍彦 2017『プライバシーの権利を考える』信山社

「21世紀の今ならではをどう考えるかだ」

第4章 民主政は可能か？

合理性と「個人」の再設計

大屋雄裕

おおや・たけひろ　1974年生まれ。慶應義塾大学法学部教授。法哲学。著書に『法解釈の言語哲学』（勁草書房）、『自由とは何か』（ちくま新書）、『自由か、さもなくば幸福か？』（筑摩選書）、『裁判の原点』（河出ブックス）、共著に『法哲学と法哲学の対話』（有斐閣）など。

1 私は合理的か？

なぜ民主政か――合理的な個人、合理的な政治

我々はなぜ民主政を採用しなくてはならないのだろうか。一つの典型的な答えはそれを、いわば拡張された自己決定に求めるものだろう。我々は一人ひとりが個人として自己の幸福に配慮し、その実現をめざすことができる。J・S・ミルが『自由論』［Mill 1859］で述べたと一般に理解されているように[★1]、何がこの私にとっての幸福でありどのようにすればそれが最もよく実現するかを理解しているのがこの私当人であるとすれば、私に対する他者の干渉を最大限に制約し、自由の領域を確保することによって、私は私自身の幸福を最大化することができるだろう。この条件が社会を構成するすべての人にとって同じだとすれば、すべての人の自己決定を尊重し、その積み重ねないし集計によって社会的意思決定を行うことによって、社会はその全体の利益を最大化することができるだろう。

このような観点からミル自身が代議制民主政を支持していたことをもまた、確認しておく必要がある。つまり「どの人間の権利や利益にしても、なおざりにされるのを確実に防止できるのは、当人がそれらの権利や利益を守ることができ、また、つねに守ろうという気持ちを持っている場合に限られる」、そして「社会全般の繁栄はそれを促進するために動員される個人の活力の量や多様性に

比例して高度になり広汎になる」［Mill 1861: 邦訳 51］、だから民主政という統治体制は現時点において社会全体に有益な結果をもたらすというのである。個々人が自己に配慮できる合理的な主体であることを基礎として、そのうえに成り立つ民主政全体もまた合理的なものになることが期待されるわけだ。――しかしそれはほんとうなのだろうか。

合理性への疑い

我々の個人としての選択が決して合理的とはいえないという認知科学の結論に依拠して展開された主張こそまさに行動経済学であり、それを応用したサンスティーンによるリバタリアン・パターナリズムであったことを、我々はただちに想起するべきだろう［Thaler and Sunstein 2008］。私自身の幸福に関する意思決定だけではない。民主政の要素、有権者としての私についてもその判断や行動が決して合理的ではなく、民主政全体を導くために十分なものとはいえないということは、近時さまざまな研究で示されるようになっている。フェイクニュースとそれに操られるポピュリズムは民主政に危機をもたらしており、我々はそれに「寛容なパターナリズム」によって対抗しなければならないかもしれないと、情報哲学の代表的研究者であるルチアーノ・フロリディも主張するようになっているのだ。

あるいは我々はここから、ワシントンで実務に関与した経験もあってか、サンスティーンの民主政に対する――あるいは少なくとも代議制民主政とその重要な装置だと目される議会に対する強い不信を思い出してもいいかもしれない。有権者はまちがう、その有権者に支持される政治家もまたまちがう。だとすれば民主政の基礎となる個人の選択に介入し、それを少しでも合理的なものにするしかないではないか、ということになるだろうか。

ナッジを通じて人びとがその選択に（柔らかなかたちであれ）干渉されることを正当化する要素として、サンスティーンが**干渉される当事者**の同意のみを想定してきたことを思い出してほしい[Sunstein 2015]。そこにあるのは自己決定から社会的決定へと進む順接的な関係と、それをつなぐものとしての透明な政治過程だと、そういうことができるかもしれない。しかしすでに指摘されているとおり、ナッジを受け容れるかどうかに関する選択（メタ選択）においてもその環境を操作することを通じてナッジが機能しうるだろうことを考えれば、これが——少なくとも理論的には——解決になっていないことは明白だと思われる。問題はメタ選択に対するメタナッジの受け容れを判断するメタメタ選択に対するメタメタナッジの受け容れを判断する——というかたちで、無限に退行してしまうことになるだろう［大屋 2017］。

サンスティーンは本気で当事者の選択に基礎をおいているわけではなく、ナッジの専門性を評価しうる統治の専門家——その典型は当のサンスティーン自身——の判断が優越的地位に立ち、人びとの自己決定を制約することを正当化しようとしているのだという理解も、たとえばここからは出てくることになる。

パターナリズムへの疑い

この点をとらえて井上達夫は、このように「弱い個人」を前提としてパターナリズムを正当化する議論は自壊的だと主張している——「人間が自分の幸福すら満足に配慮できない「弱い存在」なら、他人の幸福をその他人以上に賢明・確実に配慮することなど、一層不可能なはずである」［井上 2016:198］。個人の弱さを正当化理由とするパターナリズムの背景には、そこにおける干渉の主体がみずからを「超人的に強い人間」、自己のみならず他人の幸福にも十分に配慮できる存在だと傲慢にも思い込んでいることがあると、井上は批判する。「可謬性・短見性・意志の弱さ・無責任性等々の脆弱性を人間性に帰しながら、権力主体が自分たちだけはこの人間的脆弱性から例外的に免れた特権的存在だと主張することは、彼らの自惚れた自己中心的視点からしか正当化できず、正義の普遍化要請・反転可能性要請に反する」［井上 2016:198］——人間が合理的でありえないことを前提とするパターナリズムは、配慮の主体が合理的でなければ成立することができないという本質的な矛盾を内在させているというのである。

循環する配慮

しかしこれは少なくともサンスティーンのリバタリアン・パターナリズムに対する批判にはならないだろう。サンスティーンは配慮する側の主体が配慮される側に対して卓絶した合理性をもち、あらゆる場面において十分な合理性を発揮できることなど前提してはいないからだ。彼が主張しているのはただ人間があらゆる場合に合理的ではありえないということ、合理性を発揮するための十分な注意力や判断力を発揮できる場面は限定されており、だからこそ自分が合理性を発揮したいと希望する局面にその本来の合理性を「とっておく」ために、それ以外の局面においてはサポートを受けたほうが賢明であるということにすぎない［Sunstein 2015］。

つまりそこでは、配慮する側も他者に対する配慮を設計するという局面にかぎってのみみずからの合理性を行使できるような主体であり、それ以外の場面においては合理性の不十分な客体として、配慮される側に回ることが想定されている。サンスティーンがみずからの判断力もまた不完全でありさまざまな誤りを犯すこと、そしてその欠点を回避するためにナッジされる必要があると著書のなかでくり返し述べている点に注意しなければならない。少なくともサンスティーンのパターナリズムにおいては、配慮する主体と配慮される客体が交代しながら循環することが想定されているのであり、井上が批判するように配慮する側からされる側への一方向的な権力関係が想定されているわけではない――少なくとも表向きには。

しかしこのような理解もまた、その局面に関する判断、どのような場合に、だれのどのような専門性が優越的に取り扱われるべきかという問題に関する基準を与えることなしには、前述のような無限退行と同様の問題を発生させるように思われる。それを民主政による決定に委ねるという解決策は、そもそも個人の選択が合理的でない（場合が多い）と想定したことによって、すでに封じられているはずだ。[★2] 個人の合理性を疑うところから出発するサンスティーンは、どのように民主政全体を擁護することができるのだろうか。あるいはそこで浮かびあがるのは有徳者による統治という民主政のもう一つの伝統——共和主義の発想であり、個々人の自由かつ自発的な選択という集計民主政的な理念は、最終的に退けられることになるのだろうか。

2 個人と集団のあいだに

二次的多様性

近著である『#リパブリック』[Sunstein 2017] ——それは二一世紀の劈頭にサンスティーン自身が情報化と民主政の関係を論じた『インターネットは民主主義の敵か』[Sunstein 2001] の改版(第三版)にあたるのだが——においてサンスティーンが、「二次的多様性」(second-order diversity) に言及していることに注目しよう。これはイエール大学の憲法学者ヘザー・ガーケンが用いた概念で、「社会が多くの組織や集団から成る場合に現れる種類の多様性で、その組織と集団の一部には内的多様性がほとんどない」ような場合を意味している [Sunstein 2017: 邦訳 115]。

社会全体の観点からみた場合には圧倒的な少数者であり、分断された個々の局面ではその存在が圧殺されてしまうような存在のことを考えよう。たとえば日本共産党を例にとれば、政党支持率調査の数字はおおむね二%程度を推移しており、その支持者が社会全体に広くうすく存在していることはまちがいない。しかしそのいっぽうで、ある土地のある問題についてという特定された議論の局面をとればほぼつねにごく少数であり、その問題に関する意見どころか共産党支持ということすらも言い出しにくい状況が起きうるであろうこともまた、たやすく想像することができる。LGBT（レズビアン、ゲイ、バイセクシャル、トランスジェンダー）と総称されるようなセクシャル・マイノリティについても、もちろん正確な推計は難しいものの人口の五％程度ではないかともいわれており、そのような性的指向・性自認に対する社会的偏見もあって、やはりみずからのもつ意見のみならず存在自体を表明しにくいという問題が指摘されている。

このような状況で、一定の仕切られた局面でまず議論や多数決を行い、そこでの成果を持ち寄って社会全体における意思決定を行うような手続きを想定すると、第一段階の手続きにおいてこのような少数者の意見は圧殺され、社会全体の意思決定に反映する機会をもてなくなると予想されるだろう。典型的には、全国を五〇〇の小選挙区に分割した国会議員選挙を考えてみればよい。日本共産党はそのすべての選挙区で二％ずつ得票し、小選挙区制の仕組みによってあえなく敗北することが予測できる。前述のように社会全体としては二％の支持者がおり、純粋な比例代表制選挙を採用すれば一〇議席程度が獲得できると見込める政治勢力が、仕切られた決定の繰り返しというこのような手続きにおいては一議席も獲得できないことになってしまうわけだ。

これを防ぐためには、このように数パーセントの勢力しかもたない人びとが一丸となり、団結した組織として社会的な意思決定の場に登場し、全体的な手続きに影響力を行使する必要があるというのが、二次的多様性の考え方である。たとえばかつて、日本医師会という広くうすい組織が、有数の利益集団として政治に強い影響力をもっていたとされることを想起しよう。団結した集団はこのようにして全体の意思決定に自己の主張を反映することができ、結果的にそこでの決定は多様性を実現することになるというわけだ。

このとき、集団として一丸となっていることにおいてその集団の内部ではすでに多様性が打ち消されている。たとえば執行部が採用した主張に異論を唱えないとか、みずからの性自認が「ＬＧＢＴ」と表現されることに（自分自身はＡ（asexual 無性）だと思っていたとしても）異論を唱えないといったかたちで人びとの見解が統一されており、それに反対する人は——あるいは十分に賛成できない人すらも——その組織から放逐されるかもしれない。しかしそのように集団的な統一が維持され、内部的な多様性が否定されていることによって、社会全体というレベルの議論においてこの少数勢力が代表され、現実の意見として登場する可能性が開かれるだろう。つまりここでは、個人とその周辺という一次的なレベルでは多様性が否定されているが、そのことによって社会全体という二次的なレベルにおいて多様性が実現されることになるというわけだ。

個人は修復されうるか

だが、このような社会全体における決定のシステムや、その内部に存在するレベルのちがいといった要素は、従来のサンスティーンの議論でどのように扱われてきたのだろうか。これまでサンスティーンがおもに警戒してきたのは、共鳴室（エコー・チェンバー）やサイバー・カスケードによって人びとがあらかじめもっていた選好が強化され、はてしなく自閉していくというスパイラルが生じること、それによって同様の選好を共有した人びとの形成する小空間へと社会全体が分断されていくこと、「無数のニッチで構成される完全に個別化された言論市場」が生じることだったということができるだろう［Sunstein 2017：邦訳 336］。そこでは、我々一人ひとりのもつ意見が偏り、合理性を失うことが問題として認識されていた。だからこそ、このような問題を乗り越えるために『インターネットは民主主義の敵か』におけるサンスティーンは、たとえば異なる意見を表明するサイトへのリンクを強制する制度や、偶然の出会い（セレンディピティ）を可能にする都市的空間の存在というアーキテクチャ的な解決、個々人の合理性を修復するためのさまざまな具体的手段を提唱したのだった［Sunstein 2001］。

もちろんこのような解決策が『#リパブリック』において断念されているわけではないだろう。しかし少なくともその書きぶりからは、個々人が帯びる「自己隔離の習慣」に対抗する社会的な制度が維持されうる可能性について、サンスティーンがかつてよりは相当に悲観的になっていることがうかがわれる――「それにもかかわらず人が群れる行動はよく見られ、自分と考えの似た人の話を聞き、そういう人と言葉を交わすことを選ぶ人がたとえ少数でも、集団分極化は政治にとって重大なリスクである」［Sunstein 2017：邦訳 337］。

二次的多様性が持ち出されるのは、まさにこのような文脈においてである。サンスティーンはもはや、多様な見解に現実に接したうえで行使される選択の自由がもつ重要性を、力説しなくなっている――「熟議する孤立集団は、状況が違えば沈黙させられたり鎮圧されたりするであろう見解にも発展の機会を確保する。こうした集団の個々の成員は、自分の考えをより広い社会に伝えるのに苦労することがあり、集団の成員が仲間内で話すことができるなら彼らはおおいに学べるし、その結果、他者との議論によりいっそう貢献することができる」[Sunstein 2017：邦訳 337]。

おそらく我々は、「フェイスブックページとツイッターアカウントは間違いなく二次的多様性を促進する」[Sunstein 2017：邦訳 338] という彼の断言に、驚きを禁じえないだろう――それらはまさに集団分極化が生じうる典型的な場として理解されてきたのではなかったろうか？ しかしいまやサンスティーンは、そのようなニッチと対比的に理解されるだろう公開の言論市場を、弱者の発言を抑制する機能をもつもの、「認識的不正義」の生じうる場だとさえ主張しているのだ。「多くの人が懸念、不服、傷、不安を抱えていて、他者もそういう思いを抱えていることを知る機会がないかぎり、そのことを声に出さず、また胸のうちで気持ちを整理することすらないかもしれないことも忘れないでほしい」[Sunstein 2017：邦訳 338]。一人ひとりが公開の言論空間に立ち、飛び交う異論に立ち向かい、必要な場合には他者の主張を受け容れながら自分にとっての合理的な見解を形作っていくという近代的モデルは、すでに彼のなかで忘れ去られているかのようにもみえる。そのときその背景に、ナッジを通じて超越的な立場から人びとを操る統治者の笑顔が透けてみえないだろうか？

二次的多様性は安全か

だが、ここには多くの問題が隠れているだろう。第一に、ここで声に出さないものと想定されているような内心の特権的な意思は存在するのだろうか、そしてそれは尊重や配慮に値するものなのだろうか。定義上外部に表示されていないにもかかわらずそれが存在すること、表示された言説や選好と異なることを、我々はいったいどのようにして確認するのだろうか。内心の意思の存在を想定するときサンスティーンはどこにいて何をみているのだろうか[★3]。

第二に、いま想定したようなマイノリティの場合と、社会の多数派・有力な集団における場合とを同一視することはできるだろうか、ＳＮＳがアーキテクチャ的に集団の自閉的傾向を強めると仮定し、それがアメリカにおける二大政党や、日本における自由民主党（支持率は四十数％）の内部で生じたとして、それでもなお二次的多様性は促進されるのだろうか。第三に、いま想定したような分極化は、集団を単位とする決定の場――そこにおいては二次的多様性が有利に働くと期待されていた場所――においても発生しないのだろうか。典型的には、議会内部において行為する個々の政治家の行動が集団的分極化にさらされるとすれば、さらなる二次的多様性が機能する場など存在しないのではないだろうか。

そもそも議会内の手続を想定したにせよ、その前段階としてのロビイングのような過程を考えるにせよ、そこで具体的に行為しているのは物理的な意味ではつねに我ら人間の個体ではないだろうか――党派や団体がその肉体をもって登場し、発言し、投票しているのではなく、団体の代表・使者と目されるような我ら人間の個体が個別の人間としての議員に接触し、対話し、場合によっては自宅に戻って「こんな仕事したくない」と家族に愚痴るような事態が生じているのではないだろうか。一人の人間個体はこのように、自分自身として・団体の一員として等々のペルソナを——あるいはさらにTPOに応じてさまざまに異なる自分自身のペルソナを——使い分けながら生活していると、そういうことになるのではないだろうか［大屋 2020］。だとすれば重要なのは、そのような個体たちの行為から織りなされる決定が全体として合理的か・適切かということであり、一つの個体の行動を通時的に観測した場合にそれが合理的かという問題とは異なるのではないだろうか。

3 個体から個人へ

共依存としての家庭、ユニットとしての家族

男性稼ぎ主モデル（male breadwinner model）のことを考えよう。近代の民法は、成熟した判断能力を備え・十分な財産をもった成人男性をその主体として想定していたと、しばしば指摘されている。政治的にも、十全な参政権を認められたのは男性家長のみ（さらにいえば近代化の過程においてはそのうちのごく一部としての有産市民）に限定されていた。このような想定のうえに、個人＝男性家長は合理的であり、みずからの望むところとそれを実現するための適切な方法を知り、利害得失について判断して適切に行為することができるという近代法のモデル——自由と幸福の一致とい

う一九世紀システム［大屋 2014］――が成立していたと考えることができるだろう。

だが当然のことながら、どれだけ成熟しても個体としての成人家長が万能であり、みずからの関与するすべてのことを実行できるだけの能力をそなえ、十分な判断ができたわけではない。むしろ現実には、我が国においてもしばしばみられるように男性家長が外で働き収入を稼ぐための能力に特化し、その領域においては十分な判断能力を発揮するいっぽうで、家庭内のこと・日常生活については女性に依存し、彼女たちによって供給されるケアなしにはみずからの生存すら十分に確保することができないという状態が一般的にみられたはずだ。現在でもなお、夫婦のうち一方が先に死去した場合に残された配偶者の生存余命がどの程度あるかという問題について男性と女性のあいだに大きな差があること――端的にいえば、夫に先立たれた妻はそれ以降も十分な長さの人生を過ごすことが多いのに対し、妻に先立たれた夫はしばしば早死にしてしまうこと――は、このように稼得能力と生活維持能力を分担し、家族として一つのユニットを構成して相互依存的な関係を築いてきたことの帰結だと考えることもできる。稼得能力が、典型的には公的な年金給付等により外部化しやすいのに対し、生活維持能力は家庭内からの供給に多くを依存しており、妻を失った男性はそれが十分に調達できないために死んでいくと、そういうことになるわけだ。

配慮され生み出される個人

そして考えてみれば、それは歴史的にも一般的な状態であったかもしれない。古代ローマにおいて、元老院議員を生み出すような貴族の家庭では、子どもが生まれるとともに同年代の子どもを奴隷として買ってきたという。それは、ともに育て生活を共有させ同じ教育を受けさせ人間関係を共有させたその奴隷が成長したのちに、貴族の子どもをサポートする役割を担うことを期待したからであった。小説家の塩野七生は、ノーメンクラトゥーラ――かつての社会主義国における特権的な党官僚を指す言葉の起源について、次のように述べている。

> ローマには昔から、有力者は家を外にする際に、「ノーメンクラトゥール」と呼ぶ役の奴隷を同伴するのが習いだった。有力者なのだから、フォロ・ロマーノを歩いているだけでも、近づいてきて挨拶する人が絶えない。その人たち全員の名を覚えているなど不可能だ。それで向こうから人が近づいてくるのを見るや、「ノーメン」(名前)を「クラトール」(世話する役)の奴隷は主人にささやく。[塩野 1997:91]

たとえば街角で出会った支持者がだれで・どのような関係にあり・どのような問題を抱えているかという情報を主人に告げることで、政治家として適切な対応がとれるように補助する――このとき、貴族の息子という個体の観点からみた場合には記憶や注意力の外部化が行われており、社会的な観点からは奴隷に補助されたユニットとしての政治家が成立していたと考えることができるだろう。ここでもまた、社会の自律的単位としての個人とホモ・サピエンスという種の個体の領域とは一致していなかったということになる。

もちろん一人ひとりの人間個体がそれぞれに尊厳をもち自律性を尊重されるべきと考えるようになった現代において、古代ローマのようにユニットとしての合理性を確保するために他の個体を補助する役割を特定の個体に強制することは、当然ながら許されない（ローマにおける奴隷とは、みずからの運命に関する自己決定権をもたないものの謂であった）。しかしここでのポイントは、最終的な段階としての社会的決定に至る過程には多様なものがあり、そこに参画する単位が我ら人間の個体につねに固定されているわけではないということではないだろうか。

逆の見方をすればそれは、我ら人間の個体の行動がいかに合理的であろうとも、その集計・統合の方法が不適切に設計されている場合には、社会的決定という帰結が合理的なものにはならないということを意味している。このような観点からマーケット・デザイン――個々人の行動と社会の動きを接続する仕組みに注目したのが、社会的意思決定理論の発想ではなかっただろうか。

サンスティーン自身がみずからのワシントン経験を語った『シンプルな政府』［Sunstein 2013］において再三にわたり文句をいっているように個々の政治家の行動がいかに不合理であり不愉快であるとしても、それらを集計・統合した結果として実現する社会的決定が合理的であればそれで十分であり、個々人の自由や意思決定に介入する必要などないと、そう考えることも可能だろう（そのプロセスに含まれる個々の人間――サンスティーンのような有識者や官僚――が感じるだろう精神的負担へのケアというささいな問題を除くならば）。

4 我々は合理的か？

個人への制度、社会への制度

結論をまとめておこう。典型的には刑法を通じて個々人の行動をコントロールしようとする場合のように、あくまでも個体が単位でありすべての個体の行動を直接的に規律することが求められるような場合もたしかに存在する。これを、個体に注目した観点と考えることができるだろう。

それとは逆に、社会全体に注目し社会全体における集合的意思決定が合理的であるために、あくまでもその素材として、社会を構成するそれぞれの構成単位の行動や言動が一定の適切性を備えていればよいという立場もあるはずだ。サンスティーン自身が参照している二次的多様性は、主として後者の観点にかかわるものだということができるだろう。そして、個々の個体の行為に注目する場合と社会全体において得られる帰結に注目する場合というこの二つの観点のあいだでは、単位となっている「個人」の定義・サイズが異なっていると考えることができる。

問題は、サンスティーン本人がその議論の全体においてどちらの観点に立っているかがかならずしもあきらかではないことである。刑事法においてさえも、前近代における連座制のように家族や血族といったものを単位とし、構成員により行われた逸脱行動に対する責任をその全体に負わせることを通じて内部における相互監視・相互規律へのインセンティブを与え、結果的に社会全体における逸脱行動を一定のレベル以下に抑制しようとする手法が採用しえないわけではない。現代の我々がそのような手法をもはや採用していないのは、国家が我々一人ひとりの行動を個別的に把握し必要であれば制裁するための十分な監視能力を備えたからにすぎないと考えることも可能だろう。この場合、電子・情報技術のさらなる発展によって我らが政府が行為を単位としてより微細なコントロールを行う能力的な基盤をそなえたからには個人の人格や責任といった理念など尊重する必要はなく、アーキテクチャを活用して行為それ自体を規律してしまえばよいという主張も成り立つことになる［安藤 2010］。

だが、その逆の方向——それぞれの個体による行為が集団へと組織されていく制度に注目することもまた、可能なはずだ。たとえば政治的意思決定においては、その最終段階ととりあえずはみなすことのできる議会内での討議において、その構成単位となっている「会派」の行動・言動がそれぞれに一定程度の合理性をそなえていれば、全体としての結論が合理的なものになると期待することができるのではないだろうか。そしてその際に必要なのは、それぞれの会派が意思表示をする以前にその内部において一定の意思統一がなされていることであり、それ以上ではない。その構成員のあいだに意見の多様性が存在していたとしても、外部に表示する意思を単一のものとすることについての合意があればそれで十分だと考えることができるはずなのである。

もう一つの冴えたやり方

たとえば典型的には五五年体制下における自民党のような場合を想定しよう。その内部において指導者の地位をめぐりどれだけ激しい闘争を行っていようが外部に対抗するためには一枚岩となり統一した行動をとるべきだという合意が（少なくとも暗黙裡に）成立しており、実際にもおおむねそれに準拠した行動を各自が選択しているとする。ここで成立しているのは、内部的には多様性のない諸集団により社会規模では多様性が実現しているという「二次的多様性」とは異なり、内部的な多様性が外部にむけては集約された諸集団により社会規模での多様性もまた実現しているという状態だということになるだろう。

行動経済学が、あるいはサンスティーン自身が前提としているように、我々人間の合理性には限界があるという仮定を受け容れることにしよう（限定的合理性）。そのために我々は、みずからの能力や考慮の及ぶ範囲を超えた大規模な意思決定を適切に行うことができないし、合理的にふるまうことができないとも想定することにしよう。だがこのような前提に立ったうえでなお社会全体で合理的な意思決定を実現するための方法としては、個体レベルにおいてつねに限定合理性を克服することができるように社会の側から干渉するというサンスティーンのナッジ的解決しか想定しえないというわけではない。たとえば社会的決定を構造化して各レベルにおける意思決定の範囲を限定し、それぞれのレベルに参画する個人のみえる範囲へと考慮すべき事項を振り分けていくことによって、限定的合理性をそなえた個体のみが参画するとしても適切な判断が行えるようにするという手法はありえないだろうか。解決すべき課題の性質に対応して必要となる資質や能力をそなえた行為者が参画できるように、選抜や任命のシステムを整えていくことも考えられるだろう。

そして考えてみれば、地方自治制度を通じたボトムアップな民主的意思決定や、三権分立による国政レベルでの権限分配といった政治的な制度の構成は、そのような考慮範囲の限定とレベル分けという手法の現実化したものにほかならないのであった。

直接民主政の夢と幻滅

ナイーブなかたちでの人民の自己統治理念について考えてみよう。そこでは、統治者と被治者が必然的・自動的に一致することから、民主政はかならず被治者の幸福を志向し、その実現にむけた正しい方策を選択することができると想定されていたのであった。このような観点に立つならば、かつてアテネで実現したとされているような直接民主政こそがあるべき正しい姿であり、代表民主政はその不完全な代替物と位置づけられることになるはずだ。それはたとえば、現代社会において国民全員がただ一か所の議論の場——古代ギリシアの都市国家におけるアゴラ——に集まるようなことは非現実的であるといったように、社会の物理的な条件によってやむをえず選択するに至ったものにすぎないというのである。

だからこそ一九九〇年前後、インターネットの利用可能性が一般市民へと広く開かれていくとともに、物理的な制約を越えて人びとが一つの討議空間に参画し、政治に関する議論を行う可能性が開かれたかのようにみえた瞬間、それによって世界規模での直接民主政を実現する展望が語られたのである。だがそれから約三十年を経た現在、電子民主主義の夢がどのような結末を迎えたかについて多くを語る必要はないだろう。サンスティーンがまさに問題にしたように、無限に開かれた公開の言論の場において我々は、むしろ大量の情報に押し流され自閉する道を選びとってきたのではなかっただろうか。フェイクニュースの問題に典型的には示されているように、我々の限定的合理性はさまざまな情報や他者の主張を十分に吟味することを許さず、自己の幸福を正しく実現することなどできないということを、我々は認めざるをえなくなったのではないだろうか。

そのような観点に立ったとき、直接民主政の不完全な代替物としてではなく、それ独自の長所が代表民主政には存在するという声を、我々は真面目に受け止める必要があるだろう。それは民主政全体を、社会のなかに存在する多様な人びとの多様な意見を集約し、実現するためのさまざまな制度から成立している複合的な存在ととらえる視点である。

制度論への視点

政治学者・待鳥聡史は、アメリカにおける連邦の政治制度が、二年ごとに選挙を迎える下院、四年ごとに選出される大統領、六年ごとに三分の一ずつが改選されていく上院とを組み合わせ、さらに（当初は）上院・大統領は間接選挙により選出される制度にすることによって、むき出しの我ら人民（We the People）の影響力を弱めるように設計されていることを指摘している——「のちに第四代大統領となったジェイムズ・マディソンは、ある党派的野心を抑止する最大の方法は、別の党派的野心に対抗させることである、と説いた」［待鳥 2015:31］。そこにあるのは、ある個人の不合理性を他の個人の不合理性によって抑制すること、個々人の意思を集計・統合するシステムへの視点である。

もちろん我々は、一度選出されたら引退するか死を迎えるまでその職にとどまり続けることができる終身制に立脚した連邦の裁判制度を、これに加えて理解することができるだろう。それは連邦の基礎を設計した「建国の父祖たち」（the Founding Fathers）の帯びていた共和主義的傾向、「精神の貴族」として徳性をそなえた人物が政治を担うべきという理念の反映なのだ。

つまり、合衆国憲法の制定は、共和主義者が本来彼らの重視した市民的徳性にただ期待するだけではなく、徳性を確保する方策を制度化することによって民主主義の抑止を図ったものだと理解することができる。［待鳥 2015:32］

統治制度とは、ばらばらの個人がもつ不定形の意思や暗黙の選好を、国家ないし社会全体がもつと想定される統合された意思へと変換・組織するもの、人びとの意思を立ち上げるものである。★4 このような観点に立つとき、ナッジをめぐるサンスティーンの議論は政治システムのこの側面を無視し、いたずらな単純化のうえに成立しているということにはならないだろうか。

我々が学ぶべきなのは、社会のさまざまなレベルで展開される行為の主体としての個人のサイズがそれ自体として本来可変的であり、かならずしも人間個体と一致する必要はないということだろう。そして必要なのは、しばしば不合理な個体から合理性の依代（よりしろ）と目される個人へと、集計や討議を通じて行為が織り上げられていくプロセスが適切に設計されており、予定された動作を実現しているかの評価と検証、そして必要ならば改革だと考えることができる。逆にいえば個々の人間が自発的に、あるいはナッジに補完されることによって合理的にふるまいさえすれば全体としての決定が自動的に適切なものになるかのように想定したとき我々は、透明なものとして政治過程を不可視化することによってそのような現実的な課題に立ち向かう力を失うのではないだろうか。

我々一人ひとりの人間が十分に合理的ではないという問題を乗り越えるために求められるのは、その個人に対する社会からの干渉を一足飛びに正当化することではない。個々の主体の関与する意思決定を適切に構造化すること・社会を構成する「個人」の単位を適切に設計することを通じて必要な程度で合理的に行動しうる「我々」を作り出し、私と我々のあいだを適切に架橋する可能性を探究することなのである。

注

★1　この理解自体について、若松良樹が「最善」と「最終」の関係を問題にしていることには留意する必要があろう［若松 2017］。

★2　あるいは、個々人は一般的には不合理な決定を行いがちだが、どの分野で・どれだけの範囲のナッジを受け容れるか、だれのどのような専門性を尊重すべきかについてだけは合理的に判断できるという前提を導入するという解決もありうるかもしれないが、その正当性はきわめて疑わしいだろう。

★3　このように「本当の私」とか「真の自己実現」を想定する立場が内包する理論的問題についてはすでに検討したのでくり返さない［大屋 2002］。

★4　ここで我々は「立ち上げる」という表現のもつ奇妙さについて意識しておく必要があるだろう。それは「立つ」という自動詞と「上げる」という他動詞が接着したもの、当初は働きかけられる対象・客体であったものが、それを通じてみずから行動する主体へと変化するという変容を内包した表現にほかならない［大屋 2006：252-254］。

＊本章の基礎となった研究に対しては、ＪＳＰＳ科研費（JP26380006、JP18H00791）および慶應義塾学事振興資金の支援を受けた。記して感謝する。

文献

Mill, John Stuart, 1859, *On Liberty*.［山岡洋一訳 2011『自由論』日経BP社］

Mill, John Stuart, 1861, *Considerations on Representative Government*.［関口正司訳 2019『代議制統治論』岩波書店］

Sunstein, Cass R., 2001, *Republic.com*, Princeton University Press.［石川幸憲訳 2003『インターネットは民主主義の敵か』毎日新聞社］

Sunstein, Cass R., 2013, *Simpler: The Future of Government*, Simon & Schuster.［田総恵子訳 2017『シンプルな政府――“規制”をいかにデザインするか』ＮＴＴ出版］

Sunstein, Cass R., 2015, *Choosing not to Choose: Understanding the Value of Choice*, Oxford

University Press.［伊達尚美訳 2017『選択しないという選択――ビッグデータで変わる「自由」のかたち』勁草書房］
Sunstein, Cass R., 2017, *#Republic: Divided Democracy in the Age of Social Media*, Princeton University Press［伊達尚美訳 2018『#リパブリック――インターネットは民主主義になにをもたらすのか』勁草書房］
Thaler, Richard H. and Sunstein, Cass R., 2008, *Nudge: Improving Decisions About Health, Wealth, and Happiness*, Yale University Press (Revised and Expanded Edition, Penguin Books,2009).［遠藤真美訳 2009『実践行動経済学――健康、富、幸福への聡明な選択』日経BP社］
安藤馨 2010「功利主義と自由――統治と監視の幸福な関係」北田暁大編『自由への問い4 コミュニケーション――自由な情報空間とは何か』岩波書店、七二―九八頁
井上達夫 2016「批判者たちへの「逞しきリベラリスト」の応答」『法と哲学』二号、信山社、一七一―二三九頁
大屋雄裕 2002「エゴイズムにおける「私」の問題」『名古屋大学法政論集』一九三号、一―二八頁
大屋雄裕 2006「他者は我々の暴力的な配慮によって存在する――自由・主体・他者をめぐる問題系」『RATIO 01』講談社、二四〇―二六〇頁
大屋雄裕 2014『自由か、さもなくば幸福か？――二一世紀の〈あり得べき社会〉を問う』筑摩書房
大屋雄裕 2017「解説」キャス・サンスティーン（伊達尚美訳）『選択しないという選択――ビッグデータで変わる「自由」のかたち』勁草書房、二二七―二三七頁
大屋雄裕 2020「プロファイリング・理由・人格」稲葉振一郎他編『人工知能と人間・社会』勁草書房、二六〇―二九六頁
塩野七生 1997『ローマ人の物語Ⅵ パクス・ロマーナ』新潮社
待鳥聡史 2015『代議制民主主義――「民意」と「政治家」を問い直す』中央公論新社
若松良樹 2017「ミルにおける自由と効用」若松良樹編『功利主義の逆襲』ナカニシヤ出版、一四七―一七四頁

第5章

熟議をナッジする？

［相性は悪そうだけど、それで済ませられない］

田村哲樹

たむら・てつき　1970年生まれ。名古屋大学大学院法学研究科教授。政治学・政治理論。著書に『熟議民主主義の困難』（2017年、ナカニシヤ出版）、『政治理論とフェミニズムの間』（2009年、昭和堂）、『熟議の理由』（2008年、勁草書房）、『国家・政治・市民社会』（2002年、青木書店）、『政治学』（共著、2020年、勁草書房）、『日常生活と政治』（編著、2019年、岩波書店）、『ここから始める政治理論』（共著、2017年、有斐閣）ほか。

1　水と油か？

この章のテーマは「熟議（deliberation）」である。熟議とは、よく考えること（熟慮）と議論することの両方の意味を含む言葉である。今日では、熟議はしばしば、正当化と反省性によって定義される。つまり、熟議とは、最も理想的には、自分の意見を他者にとって受け容れ可能と思われるかたちで提示すること（正当化）、および、他者の意見を妥当と考えた場合には自分の見解を見直すこと（反省性）によって成り立つプロセスである。

熟議の結果として、合意（コンセンサス）に至ることが期待されることが多い。また、そうであるがゆえに、熟議の提唱は、異なる意見や立場の（強制的な）同一化や排除をもたらしてしまうとの批判も受けてきた［Mouffe 2000］。しかし、熟議における「合意」は、かならずしも結論における意見の一致という意味だけではない。それは、不一致の源泉を明確化したり、他者の意見や立場の正統性を認めたりすることも含むものとして、考えられている［Curato *et al.* 2017; 田村 2008］。

熟議とナッジはいかにも相性が悪そうにみえる。リチャード・セイラーとキャス・サンスティーンの区別を用いれば、ナッジは人間の「自動システム」に作用するが、熟議は「反省システム」にかかわるものだろう［Thaler and Sunstein 2008］。ナッジでは「思わず特定の行動をとってしまう」ことが期待されているが、熟議は立ち止まりよく考えることを求める。両者は、水と油といってもよい。混ぜあわせようとしても、そうはいかないのである。

熟議とナッジの両方に注目する研究もある。政治学者のピーター・ジョンやジェリー・ストーカーらによる研究がそれである［John *et al.* 2011］。彼らは、社会問題に関する人びとの行動を変化させるためのアプローチとして、熟議とナッジの両方に注目している。しかし、彼らの提案は、両者のメリット・デメリットを考慮したうえでの「使い分け」である。ナッジは、人びとにあまり多くのことを要求しない。そのため、快適さを犠牲にすることなく、人びとの行動を変えることができる。ただし、そうであるがゆえにナッジでは、根本的な問題にとりくむことができない。これに対して熟議は、根本的な問題にとりくむことができる。しかし、熟議は人びとに大変なこととみなされやすい。したがって、両者を問題の場面に応じて使い分けることが適切、というわけである。

「使い分け」よりも組み合わせ

このような「使い分け」の提案には、それなりの説得力がある。たしかにナッジにも熟議にもメリットとデメリットがある。そうだとすれば、適材適所の発想で使い分ければよいのではないか。

しかし、本章で考えたいのは、使い分けとは別のシナリオである。つまり、水と油のようにみえる熟議とナッジを組み合わせてみてはどうだろうか。とりわけ本章では、両者を組み合わせることで熟議の「デメリット」が減少する可能性に注目したい。

熟議のデメリットとはなんだろうか。サンスティーンならば、もともと同じような考えの人びとが熟議することでさらに考えが極端化する集団分極化、多数意見への同調が強まるバンドワゴン現象、かならずしも正確ではない意見が流布してしまうカスケード効果などを指摘するだろう[Sunstein 2009]。彼はまた、こうしたことを理由として、熟議はかならずしも幅広い情報を適切に集約することに役立つとはかぎらないとも述べている[Sunstein 2006]。これらは、熟議が正しく「熟議」にならない可能性を指摘するものである。サンスティーンは、こうした問題を解決するためには、人びとができるだけ多様な意見にふれる機会を確保することが必要であるとする。本章で「熟議のためのナッジ」として提案するもののなかには、この目的、つまり人びとが「思いがけない発見（serendipity）」を経験するためのものも含まれている。

しかし、それとともに本章では、熟議のデメリットとしてその「魅力のなさ」にも注目したい。端的にいえば、多くの場合熟議は「面倒」なのである。もちろん、時と場合によって、熟議が「面倒」ではないこともあるだろう。ミニ・パブリックスとよばれる熟議の場への参加者のなかには、活発に議論し、充実した経験であったと振り返る人も多い。それでも、熟議が「面倒」である理由をいくつか見つけることができる。まず、熟議のための時間を確保し、（どこか離れた場所で開催される場合には）熟議の場へと移動しなければならない。また、熟議の場では、しばしば自分とは異なる意見の人たちと出会うことになる。たとえば、無作為抽出で選ばれた人たちが集まって特定のテーマについて熟議を行うミニ・パブリックスという仕組みでは、[★1]（サンスティーンの懸念にもかかわらず）「同じような考えの人」とばかり熟議できる可能性は低いだろう。また、より非公式の場、たとえば職場、クラブ・サークル、地域、家族などでならば「同じような考えの人」との熟議になるということもできない。なぜなら、そのような普段からよく見知っているような人たちで成り立っている場で熟議が必要になるのは、そのような人たちのあいだでさえも一致することができない案件が発生しているからだと推測されるからである。このように同じ考え「ではない」人びとと熟議することは、多くの場合、「面倒な」経験として受け止められるだろう。

本章では、ナッジが、このような熟議の「魅力のなさ」を低減する可能性にも注目する。つまり、ナッジによって、その「面倒さ」にもかかわらず、思わず熟議に参加してしまう、という可能性を探究してみたいのである。ダイエットを推奨したいならばダイエットのためのナッジが考えられるように、熟議を推奨したいならば熟議のためのナッジも考えられるのではないか。このようなかたちでならば、熟議とナッジの組み合わせはありうるだろう。

以下では、まず「熟議のためのナッジ」として具体的にどのようなものがありうるかについて述べる。次に、熟議のためのナッジに対する疑問を確認したうえで、その意義を論じる。最後に、それでも残るであろう懸念への応答を試みる。最終的には、「熟議のためのナッジ」とともに、「ナッジをめぐる熟議」も必要であることを述べる。★2

2 熟議のためのナッジ

ここでは、熟議のためのナッジの具体例をみていきたい。ナッジとは、人びとの自動システムに作用するとともに、「選択の自由」も確保するような仕組みのことである［Thaler and Sunstein 2008］。したがって、熟議のための興味深いアイデアや試みのすべてがナッジだというわけではない。

たとえば、熟議に関する近年の興味深い提案として、「フューチャー・デザイン」がある［西條編 2015］。これは、政策形成のための制度の設計に将来世代の視点を組み込むという提案である。熟議に関しては、長期的な影響をもちうる問題についての熟議の参加者のなかに、「将来世代」の立場を代表するという役割を担う人びとをあらかじめ設定するという提案が重要である。これらの「将来世代」を代表する人びとは、まさに「将来世代」の立場になって熟議に参加する。フューチャー・デザインは、たいへん興味深い提案である。しかし、それがナッジかというと、そうとはいえない。なぜなら、ここで「将来世代」を代表する人びとは、「思わず」将来世代の立場を代弁するのではなく、その役割をあらかじめ割り当てられており、したがって自覚的に代弁するからである（なお、「ナッジではない」ことが制度設計としての問題点だということではない）。

以上のことに留意しつつ、以下では、人びとに熟議を推奨するようなナッジの具体例について、述べてみたい。具体例といっても、斬新なアイデアを紹介するわけではない。これまで熟議や民主主義への参加という問題に関していわれてきたいくつかのことを、「ナッジ」という概念のもとに把握しなおすことが目的である。とくに、今から述べることのなかには、「公共フォーラム」も含め、サンスティーン自身が述べていることも含まれている。しかし、彼自身は、熟議を含めた政治参加について、ナッジの概念を直接的に適用して議論することは行っていない。以下では、「公共フォーラム」、くじ引き、レトリック、ファシリテーター／ファシリテーション、そしてベーシック・インカムを、「熟議のためのナッジ」の具体例として取り上げる［田村 2017: ch.5］。なお、熟議のためのナッジへのありうる疑問については、次の節で述べる。

「公共フォーラム」

サンスティーンが擁護する「公共フォーラム」は、熟議のためのナッジといいうる。「公共フォーラム」は、アメリカの連邦最高裁の判決において示された考え方である［Sunstein 2017］。それは、街頭や公園が多様な表現活動のために広く人びとに開放されるべきことを示す。街頭や公園では、だれもが自由に演説や抗議活動を行うことができなければならない。サンスティーンは、街頭や公園だけではなく、空港や駅、さらにはインターネット空間も、「公共フォーラム」としてとらえられるべきであることを示唆している［Sunstein 2017: 邦訳 52-53］。重要なことの一つは、そのことによって、街頭や公園を通る人びとが「思いがけず」多様な意見に接する機会を得るということである。「公共フォーラム」は、「思いがけない発見のためのアーキテクチャ」なのである[Sunstein 2009]。

サンスティーン自身は、「公共フォーラム」にナッジという概念を適用していない。しかし、右記のような「公共フォーラム」の特徴は、これがまさにナッジであることを示唆しているといえる。そして、「公共フォーラム」での演説や実践は、それに「思いがけず」接する人びとのあいだに、そこで提示されている問題についての自己の見解の見直し・反省、さらにはほかの人びととのあいだでの意見交換や話し合いをうながす契機となるかもしれない。その意味で、「公共フォーラム」を、熟議のためのナッジの一つとして理解することができるのである。

くじ引き

熟議への参加者をくじ引き（無作為抽出）で決めることも、熟議のためのナッジとしてとらえることができる。とくにミニ・パブリックスにおいて、参加者をくじ引きで決めることは、標準的なルールの一つとなっている。くじ引きが求められる主な理由は、それが政治的平等の実現に資するからというものである[Fishkin 2009]。このような理由から、古代アテネの民主主義でもくじ引きは用いられていたし、近年でも、くじ引きによる代表制をより民主主義的な代表制として擁護する議論も登場している[Reybrouck 2013]。

このくじ引きも、熟議のためのナッジとしてとらえることができる。なぜなら、ミニ・パブリックス参加のくじ引きに「当たる」ことは、その人になんらかの——驚きや興奮、あるいは喜びなどの——感情を引き起こすだろうからである。その結果、その人は「思わず」ミニ・パブリックスへの参加を選択するかもしれない。

ただし、くじ引きがナッジであるためには、「選択の自由」が確保されることも重要である。すなわち、たとえ選ばれても「拒否」という選択もできるような仕組みでなければならないだろう。また、その拒否という選択のハードルは、極力低いものである必要があるだろう。

レトリック

ナッジには、社会工学的な制度設計のイメージがある。しかし、サンスティーンたちは、他者からのはたらきかけ、すなわち「社会的影響」もナッジとなるという［Thaler and Sunstein 2008: ch.3］。そこで、ここでは熟議民主主義論におけるレトリックへの注目を取り上げ、これを社会的影響としてのナッジとして解釈したい。つまり、熟議関与を推奨するようなレトリックを、熟議のためのナッジの一つとしてとらえることができるのではないかと提案したい。

レトリックは、コミュニケーションにおいて用いられる方法の一つである。レトリックは、狭い意味での「熟議」にはあてはまらないかもしれない。なぜなら、それは十分に論理的・合理的とはいえないかもしれないし、また、対話的ではなく独話的なものかもしれないからである。しかし、レトリックは、聴き手の感情に訴えるような言葉で問題をフレーミングすることによって、その聴き手を納得させることができる[★3]［Dryzek 2000: 52, 66-67］。たとえば、政治学者のジョン・S・ドライゼクは、アメリカ公民権運動の指導者であったマーティン・ルーサー・キングや、南アフリカの反アパルトヘイト運動の指導者であったネルソン・マンデラを例として参照しながら、レトリックが広く人びとの感情に訴えることで、立場の異なる人びとを架橋して結びつけることができることに注目する［Dryzek 2000; 2010］。巧みなレトリックは、人びとの情念に作用し、思わず特定の立場の支持へと動いたり、特定の行動をとったりするように――つまり熟議に関与するように――うながすかもしれない。

　レトリックには「危険性」もある。それは、人びとの感情に訴えかけるため、使い方によっては人びとの心理的操作と行動の強制とをもたらすかもしれない。ナッジとしてのレトリックは、あくまで「選択の自由」を確保するものでなければならないだろう。

ファシリテーション／ファシリテーター

　ここでのファシリテーションとは、熟議を促進するための仕掛けを指す。ファシリテーターとは、それを行う人のことである。ミニ・パブリックスでは、ファシリテーター（モデレーターなど、ほかの呼称の場合もある）が参加者の熟議の場に立ち会う。ファシリテーターの役割は、ミニ・パブリックスの種類によって異なる。たとえば、ミニ・パブリックスの一つである討論型世論調査の場合、その目的は、熟議の前後での人びとの意見の変化を「調査」することにある。つまり、参加者の意見を政策提言などとしてまとめる必要がない。そのため、討論型世論調査では、ファシリテーターは、できるだけ参加者が平等な立場で発言できるように（だれかの独擅場にならないように）ということに、おもに気をつけることになる［Fishkin 2009］。これに対して、コンセンサス会議や市民陪審などのタイプのミニ・パブリックスでは、提言や勧告などのかたちで、参加者のあいだでなんらかの結論をまとめる必要がある。そのため、ファシリテーターは、議論をまとめていくための役割をも果たすことになるだろう［篠原編 2012］。

このファシリテーターとファシリテーションも、熟議のためのナッジとして解釈することができる。ファシリテーターは、アイスブレイク、問いかけ、マーカーと大判の紙への意見やアイデアの書き出しなど、さまざまなやり方で、ミニ・パブリックスに集まった人びとの熟議を促進しようとする［中野 2017］。こうしたファシリテーターによる働きかけを、先ほど述べたレトリックと同じく、人びとへの社会的影響の一つとして、したがってナッジとしてとらえることができるのではないだろうか。

また、ファシリテーションには、たとえば会場の机のレイアウトなどが含まれる。机をたんに長方形型に並べるのではなく、多角形型やひし形などにするだけで、自分の横に座っている人びととの顔が見えやすくなり、雰囲気が変わるという。あるいは囲んだ机の中央部分にさらに机を集めて埋めることで、参加者のたがいの距離が近くなりアットホームな雰囲気が生まれるという。また、既成の机ではなく、「えんたくん」という直径八〇センチの円形ダンボールを、むかいあって座った四人の膝の上に載せて「円卓」とする手法もある［中野 2017］。これらを、人びとに思わず熟議させてしまうような仕掛け、すなわちナッジとしてみることもできる。

ベーシック・インカム（BI）

ベーシック・インカム（以下、BIと表記）とは、個人単位かつ無条件の現金給付制度のことである。BIの特徴の一つは、就労とは無関係に一定の所得を得られるという意味で、就労と所得の結びつきを切り離すところにある。このことが、熟議を含む就労以外のさまざまな活動の価値を高めるとともに、人びとがそれらにかかわる時間的・心理的余裕を生み出すと期待される。

このBIも、熟議のためのナッジとしてとらえることができる。そのためには、まず社会保障制度を、たんに人びとの社会経済的状況の改善のための方策としてではなく、政治参加の条件としてとらえなおすという発想の転換が必要となる［田村 2017: ch.3］。

次に問題になるのは、さまざまな社会保障制度のなかで、なぜBIが熟議民主主義のためのナッジとなりうるのか、ということである。もしも熟議への参加だけを求めるならば、熟議も含めた政治参加を給付要件とするような社会保障制度を考えたほうがよいだろう。しかし、このようなタイプの社会保障制度――以下では、便宜的に「熟議所得」とよぶことにする――は、それが熟議関与への「支払い」であることに由来する問題を抱えている。

まず、そもそも「支払い」の仕組みをナッジとよぶことは難しい。もちろん、人びとには、熟議に関与しないことで熟議所得による給付を受け取らないという選択肢も残されてはいる。その意味で、ナッジの特徴の一つである「選択の自由」は維持されている。しかし、この場合の人びとの選択を動機づけるのは、費用－便益の計算、簡単にいえば損得勘定である可能性が高い。この点がナッジとは異なる。なぜなら、ナッジは、人びとのそのような「合理的な」選択にではなく人びとの自動システムに作用して、「思わず」選択させてしまうものだからである。

　また、熟議所得には、「選択の自由」を保障しない可能性もある。ある人が熟議関与を継続的に行い、それによって継続的に熟議所得を得ているとしよう。この場合、その人にとって熟議関与は、それを通じて所得を得るための、ある種の「仕事」または「役割」となる可能性が高い。他方で、熟議関与を選択しなかった人びとは、もちろん熟議所得を得ることもない。この人は、就労を通じて所得を得るという選択をとりつづけるだろう。このように、熟議所得は、たしかに最初の時点では熟議を行うかどうかについての「選択の自由」を確保しているかもしれない。しかし、次第に「熟議に関与する人」と「そうではない（就労する）人」とのあいだの役割の「分業」をもたらす可能性がある。この場合、熟議所得は、たとえ見かけ上は「選択の自由」を保障しているとしても、実際にはむしろ「選択の固定化」をもたらすことになるだろう。★4

　以上のような熟議所得との対比で、ナッジとしてのＢＩを特徴づけるならば、次のようになる。第一に、無条件の所得保障であるＢＩは、熟議関与に対する「支払い」ではない。そのため、ＢＩを得たことによって、時間的ないし所得的な余裕が生まれ熟議に関与する人が出てきたとしても、それは、「支払い」に対する費用－便益計算の結果としての「合理的な」選択の結果ではないだろう。第二に、BIは「選択の固定化」を回避することができる。BIは、熟議関与への「支払い」ではないがゆえに、熟議関与を、それを選択した人の「仕事」や「役割」として固定化することもない。BIは、あくまで熟議関与のサポートないし推奨なのである。それは、すべての人を「潜在的に熟議にかかわりうる人」とみなすことを可能にする。[★5] このように考えるならば、BIを熟議のためのナッジとして位置づけることも可能である。[★6]

3 熟議のためのナッジは望ましいのか？：疑問と意義

熟議のためのナッジをいくつか考えることができるとして、では、それは望ましいものだろうか。そもそも、ナッジ自体が論争的なアイデアである。サンスティーンは、ナッジは「リバタリアン・パターナリズム」の原理を体現するもの、つまり、特定の選択肢を推奨するが、ほかの選択の可能性つまり「選択の自由」も確保するものだと述べている。しかし、それがほんとうに「リバタリアン」な側面を保持しているのかという疑問は根強く存在する。つまり、ナッジは、自分がどう考えるかにかかわらず、人びとに特定の選択肢を「あなたはこれを選択するべきだ」と押しつける、「ただのパターナリズム」なのではないか、というわけである。

熟議のためのナッジへの疑問

熟議のためのナッジについては、さらに問題は複雑である。いっぽうの熟議がよく考えることを求めるのに対して、他方のナッジは考えないで「思わず」反応することを期待する。本章の冒頭で述べたように、熟議とナッジはまさに「水と油」ではないだろうか。そのような両者を無理に組み合わせることは、どちらかの意義を減じることにしかならないのではないだろうか。とりわけ容易に予想されるのは、考えることを求めないナッジの効果が、考える熟議のあり方を変質させてしまう可能性である。

こうした疑問を杞憂として一蹴することはできない。たとえば、熟議のためのナッジの一つであるくじ引きによって参加者を集めるミニ・パブリックスについては、熟議民主主義研究者による厳しい批判も寄せられてきた。マリット・ベーカーとスティーブン・エルスタブは、ミニ・パブリックスにおける「批判」の欠如について、次のように論じている。もともと熟議民主主義は、既存の政治のあり方を批判的に精査するための規範的概念として提案された。しかし、現実のミニ・パブリックスは、しばしば一定の目的のためにトップ・ダウンで設計された制度のなかに熟議を組み込むものとなっている。そのため、熟議民主主義が有していた批判という視点が希薄化する傾向がある［Böker and Elstub 2015］。これをここでの議論に引きつけるならば、ナッジ（くじ引き）によって「思わず」集まった人びとは、あらかじめ定められた熟議の土俵の上で、定められた範囲でしか「熟議」できない可能性がある、ということである。

こうしたミニ・パブリックスへの批判は重要である。ただし、すべてのミニ・パブリックスが、ベーカーたちが懸念するような効果をかならずもつとまではいえないだろう。また、本章で提案する熟議のためのナッジは、あくまで熟議への関与を「ナッジする」ものであり、熟議の場での議論を特定の方向に「ナッジする」ものではない。後者の意味でのナッジがミニ・パブリックスにおいて作用するならば、それは熟議のためのナッジとは異なるものである。

二つの意義

以下では、熟議のためのナッジが有すると思われる、二つの意義をあげたい。第一の意義は、本章冒頭で述べたように、ナッジが政治学者マーク・ウォーレンのいう熟議の「魅力のなさ」を緩和しうるという点である［Warren 1996］。熟議が必要な場面とは、人びとのあいだに意見や立場の異なりが存在する場面である。そのような異なりは、場合によってはアイデンティティレベルにまで及ぶかもしれない。当然、話し合いは困難をきわめる可能性があり、結論において一致できるという保証もない。したがって、熟議を行うことは、たとえそれが必要なことであったとしても、多くの人びとにとって心理的に大きなストレスがかかる可能性が高い。そうだとすれば、積極的に熟議に関与しようと考えることは難しいかもしれない。ナッジは、このような熟議の「魅力のなさ」を緩和しうる。熟議のためのナッジとは、人びとが「大変」「面倒」と考える前に、「思わず」熟議してしまうような仕掛けのことだからである。

第二の意義――ただし、それがほんとうに「意義」なのかどうかは、実は論争的である――は、ナッジによって民主主義論における主体像の問題を棚上げにすることができる、という点である。民主主義論において、その主体像は大きな問題であり続けてきた。ここでその思想史をたどることはできないが、単純化していえばそれは、民主主義を担うのは公共的な関心をもつ人びとか、それとも、個人的・私的な関心にもとづいて行動する人びとか、という問題である。大まかにいえば、あるべき民主主義を構想する人びとは前者の公共的な主体像に、現実の民主主義を理解・説明しようとする人びとは後者の私的な主体像に、それぞれ依拠して民主主義を論じようとしてきたといえる。

このような主体像をめぐる対立に、ナッジを持ち込むとどうなるだろうか。あえていえば、ナッジにとっては、人びとが公共的な観点から行動するのであろうと、私的な利益を優先する観点から行動するのであろうと、どちらでもかまわない、ということになるだろう。ナッジが作用するのは、人びとの自動システムである。自動システムの作動は、公共的な精神にもとづくわけではないのはもちろん、私的な個人にとっての費用－便益計算にもとづくものでもない。したがって、熟議のためのナッジのもとでは、人びとは「公共的」であろうと「私的」であろうと、熟議へとナッジされるのである。この意味で、ナッジは――少なくとも関与という局面において――民主主義論にとっての大きな論争点を解決する、または解消する可能性がある。ナッジのもとでは、人びとが「公共的」であるか「私的」であるかは、それほど重要な問題ではなくなるからである。

「非主体的」な熟議へ

こうして、ナッジは民主主義論における主体像問題を解消してしまう可能性がある。このことは、民主主義論にとって問題だろうか。とりわけ、熟議民主主義論にとって、熟議する主体の問題を考えないことは、それ自体大きな問題ではないだろうか。しかし、本章では、必ずしもそうとは考えない。むしろ、民主主義における主体像の問題を回避し得る点にこそナッジの意義がある、と考えてみたい。

話し合いの民主主義論であることから、熟議民主主義を語る際には、「発言する能力」「論理的・合理的に主張する能力」「よく考える能力」といったかたちで、主体像に焦点があたりやすい。しかしながら、もともと熟議の概念は、個々の主体ではなく、人びとの「あいだ」のコミュニケーションに焦点を当てるものである［田村 2018］。主体像をめぐる議論は、このような意味で「脱主体的」であるはずの熟議民主主義の構想を、コミュニケーション＝熟議そのものではなく、個々の主体とその能力とについての議論へと還元してしまう可能性がある。その結果、「熟議は難しい」「一般の人びとにとってはハードルが高い」といった印象がもたらされることになる。

これに対して、熟議のためのナッジは、こうした「熟議のための能力」への関心をいわばクールダウンする。それは、熟議のために必要な能力とは何かといった話をすることなく、人々は熟議してしまうと説くからである。もちろん、ナッジにもある種の「主体」論はある。自動システムと反省システムをそなえた人間、というのがそれである。しかし、自動システムはだれにでもそなわっているものであり、かつ、それは公共的／私的という区別とは別のものである。公共的であろうとなかろうと、人びとは熟議へとナッジされるのである。このとき、「熟議においてどのような能力が必要か」という問題関心や、「そのような『能力』が求められるがゆえに熟議は不可能」という懐疑論が熟議民主主義をめぐる議論のなかで占める位置は、（なくなることはないとしても）小さなものになるだろう。

4 それでもナッジは「危険」か？

ここまで述べてきたように、一見「水と油」のようであっても、熟議とナッジを組み合わせることは可能である。また、この組み合わせには、いくつかの意義もある。しかし、だからといって手放しでナッジというアイデアに飛びついてよいものだろうか。

やはりパターナリズム？

ナッジの危険性として指摘されるのは、その「パターナリズム」の側面である。基本的にナッジには、その設計者が必要である（レトリックの場合には、そのレトリックの話者）。ナッジの設計者は、当該設計者が「望ましい」と考える結果を実現する——正確には、その結果を実現するための選択肢を「思わず」人びとに選択させる――ために、ナッジを設計する。ということは、ナッジを通じて一部の設計者たちによるそれ以外の人びとのコントロールが実現する、ということではないだろうか。これを熟議のためのナッジに引きつけて述べると、熟議のためのナッジは、その効果が熟議の仕方や内容の統制に及ぶことで、ナッジ設計者たちの意に沿った議論しかできない空間を作り上げるのではないか、ということになる。そうだとすれば、そこでの「熟議」にどのような意味があるのだろうか。

このような疑問への回答の一つは、熟議のためのナッジが作用するのは、あくまで熟議の「入り口」まで、すなわち人びとの熟議への関与をうながす段階までだというものである。本章で提案した熟議のためのナッジの多くは、熟議に関与するように人びとを「ナッジ」するが、実際の熟議の内容に立ち入って作用するものではない[★7]。先にファシリテーション／ファシリテーターを熟議のためのナッジの一例としてあげたが、熟議のためのナッジ全般がファシリテーション／ファシリテーターの役割と似たところがあるともいえる。ワークショップ等におけるファシリテーション／ファシリテーターの役割は、多くの場合、特定の結論に誘導することではなく、参加者ができるだけ自由で活発に、対等な立場で議論に参加できるようにすることである。そこで参加者たちがどのような結論に達するかは、開かれた問題である（特定の結論を出すことを求められる場の場合は、この役割だけにとどまることはできないが）。熟議のためのナッジにも、このような役割が期待されている。

設計の偶然性

「それでも」という懸念は残るかもしれない。そこで以下では、少しちがう角度から「ナッジの危険性」という問題に接近してみたい。出発点となるのは、「設計者は万能か?」という問題である。ナッジの危険性がとなえられる背景には、次のような想定があると思われる［田村 2017: 139］。一つは、ナッジの設計者は、その意図したとおりにナッジを設計できるという想定である。もう一つは、いったん設計・導入されたナッジは、設計者が意図したとおりに作用するという想定である。このような想定があるからこそ、ナッジによるコントロールが懸念されるのである。

この懸念に対して、以下では次の二点によって応答する。第一に、設計者は意図したとおりにナッジを設計できるとはかぎらない、ということである。そもそも、あるナッジの設計者が単独である、あるいは、複数名であっても完全に意図が一致しているとはかぎらない。設計者（たち）のあいだにもさまざまな考えや立場がありうる。そのため、ナッジの設計のプロセスは、それ自体が「政治」の場となりうる。したがって、特定の意図がそのまま（ナッジとして）実現されるという保証は存在しない。

第二に、実際に設計されたナッジが、その導入後に、設計段階での意図どおりに継続的に作用するとはかぎらない。ナッジの議論では、心理学等の知見をベースにしながら、特定のナッジとその特定の帰結との対応関係が強調される。たとえば、大学のカフェテリア式のレストランで、人びとの目の高さに低カロリーのメニューをおけば（ナッジ）、たとえそれ以外の場所に高カロリーのメニューがあっても、多くの人びとは低カロリーのメニューをとる、という具合である［Thaler and Sunstein 2008］。

しかし、少し考えてみると、ナッジとその帰結との対応関係は、かならずしも自明ではないことがわかる。第一に、そもそもナッジは、「選択の自由」の確保を謳っているのだから、当然、低カロリーのメニューをとらない人もいるはずである。第二に、より一般的に考えてみても、ナッジを含む制度や仕組みには、その受け止め方や解釈が多様である可能性がある［田村 2017: 145-147］。つまり、同じ制度や仕組みであっても、その意味が異なって解釈され受け止められる可能性はつねに存在しているのである。そうだとすれば、ナッジについても、実際にそれが導入された後に、異なる人びとによって異なって受け止められ解釈される可能性はある。かりに公園を「公共フォーラム」として設計したとしても、公園をたんなる「憩いの場」として解釈する見方が有力になれば、「公共フォーラム」としての役割に制限を加えるべき、という主張が出てくるかもしれない。あるいは、ベーシック・インカムを熟議のためのナッジとして導入したとしても、「（就労しないという意味で）怠け者を増やしてしまう」といった解釈が有力になれば、人びとの認識が変わり、その結果、熟議のためのナッジとして作用しつづけるかどうかわからなくなる、ということも考えられる。

以上の検討から得られる結論は、ナッジによる人びとのコントロール可能性を過度に心配する必要はない、というものである。良かれ悪しかれ、ナッジはそれほど人びとをコントロールできないかもしれないからである。

最後に、ナッジをめぐる熟議について

しかし、この結論だけでは、今度は逆に、「それではいったいなんのために『熟議のためのナッジ』について議論してきたのか?」という疑問が発生するだろう。その疑問に直接答えることにはならないが、最後に熟議民主主義の立場から、熟議のためのナッジの設計および導入後における「ナッジをめぐる熟議」の必要性を指摘して、本章を閉じることにしたい。

先に述べたように、ナッジについては、一見したところでのその厳密な設計の実現可能性という印象にもかかわらず、実際には、①設計段階における「政治」、②導入後の多様な受け止め方・解釈可能性、が存在する。そうだとすれば、そのような「政治」や解釈の多義性が、特定の「強力な」人びとによってコントロールされないようにするために、ナッジの設計段階および運用段階の両方において、適宜熟議によってそれをモニタリングする機会が設けられることが望ましい。もちろん、熟議の結果が一義的に決まるとはかぎらない。しかし、少なくともそれぞれの立場がどの程度妥当性があるものかどうかは、吟味・検討されることになる。その結果として、ナッジの設計・運用の恣意性は抑制されるだろう〔田村 2017: 148-150〕。熟議のためのナッジは、ナッジをめぐる熟議をも必要とするのである。

★注

★1　ミニ・パブリックスには、その考案者や目的のちがいによって、いくつかのものがある。代表的なものとして、ジェイムズ・フィシュキンが考案した討論型世論調査、ネッド・クロスビーが考案した市民陪審、ペーター・ディーネルが考案した計画細胞会議（プランニング・セル）、デンマーク技術委員会が採用したコンセンサス会議などがある。これらを含むミニ・パブリックスの詳細については、[篠原編 2012] を参照。

★2　本章の内容（特に第2節「熟議のためのナッジ」）は、基本的には拙著『熟議民主主義の困難』[田村 2017] の第5章「アーキテクチャ――『熟議民主主義のためのナッジ』へ」のエッセンスを取り出し、まとめなおしたものである。そのため、より詳細な議論については、同書を参照していただきたい。ただし、本章には、ファシリテーター／ファシリテーションや民主主義論における主体像の問題など、同書では論じていない内容も含まれている。

★3　問題のフレーミングの仕方がナッジになりうることは、セイラーとサンスティーンも指摘している [Thaler and Sunstein 2008：邦訳 111-112]。

★4　直接的にはナッジの問題ではないが、熟議所得には、熟議民主主義の場を限定的にしてしまう可能性もある。「支払い」である以上、この給付は「熟議を行った」という認定を必要とする。問題は、そのような認定がどこまで可能なのか、あるいは望ましいのか、ということである。もちろん、ミニ・パブリックス（での熟議）への参加をもって支払いを認定することは可能である。しかし、たとえば家族内における熟議の認定は、どのようにして可能だろうか。熟議関与への支払いは、一見熟議を促進するようにみえて、実際には「支払いに値する熟議」とそうではない熟議という区別を持ち込み、結果的に熟議民主主義の範囲を狭めてしまうかもしれないのである。

★5　ナッジとしてのBIの意義には、熟議の場を特定の場（とりわけミニ・パブリックス）に限定しないということも考えられる。この点については、[田村 2017：137-138] を参照のこと。

★6　ナッジとしてのBIは、本文で先に述べたレトリックによるフレーミングとの組み合わせによって、よりその効果を発揮するかもしれない。ただし、あまりに「熟議のためのナッジ」であることを明示的にするようなレトリックは、BIのナッジとしての意味を失わせることになるかもしれない。

★7　ただし、レトリックについては、やや事情が異なる。その点では、熟議のプロセスにおいて人びとに作用するものであり、また特定の内容（本文の例で言えば、人種間の不平等への反対）をアピールするものであり。それがレトリック話者による熟議参加者の支配につながらないかどうかは、かなりの程度、当該レトリックの使い方や内容が強制的ではないかどうかにかかっている。しかし、あらかじめ当該レトリックが強制的ではないかどうかを判断することは難しいだろう。その意味では、レトリックはきわめて論争的である。

文献

Böker, Marit and Stephen Elstub, 2015, “The possibility of Critical Mini-Publics: Realpolitik and Normative Cycles in Democratic Theory”, *Representation*, 51 (1): 125-144.

Curato, Nicole, John S. Dryzek, Selen A. Ercan, Carolyn M. Hendriks, and Simon Niemeyer, 2017, “Twelve Key Findings in Deliberative Democracy Research”, *Dædalus*, 146 (3): 28-38.

Dryzek, John S., 2000, *Deliberative Democracy and Beyond: Liberals, Critics, Contestations*, Oxford University Press.

Dryzek, John S., 2010, *Foundations and Frontiers of Deliberative Governance*, Oxford University Press.

Fishkin, James, 2009, *When the People Speak: Deliberative Democracy and Public Consultation*, Oxford University Press.［曾根泰教監修、岩木貴子訳 2011『人々の声が響き合うとき――熟議空間と民主主義』早川書房］

John, Peter, Sarah Cotterill, Alice Moseley, Liz Richardson, Graham Smith, Gerry Stoker and Corinne Wales, 2011, *Nudge, Nudge, Think, Think: Experimenting with Ways to Change Civic Behaviour*, Bloomsbury Academic.

Mouffe, Chantal, 2000, *The Democratic Paradox*, Verso.［葛西弘隆訳 2006『民主主義の逆説』以文社］

Reybrouck, David Van, 2013, *Tegen verkiezingen*, De Bezige Bij.(*Against Elections: The Case for Democracy*, Random House, 2017)［岡崎晴輝、ディミトリ・ヴァンオーヴェルベーク訳 2019『選挙制を疑

う』法政大学出版局]
Sunstein, Cass, 2006, *Infotopia: How Many Minds Produce Knowledge*, Oxford University Press.
Sunstein, Cass, 2009, *Going to Extremes: How Like Minds Unite and Divide*, Oxford University Press.
Sunstein, Cass, 2017, *#Republic: Divided Democracy in the Age of Social Media*, Princeton University Press.［伊達尚美訳 2018『#リパブリック――インターネットは民主主義になにをもたらすのか』勁草書房］
Thaler, Richard H. and Sunstein, Cass R., 2008, *Nudge: Improving Decisions About Health, Wealth, and Happiness*, Yale University Press (Revised and Expanded Edition, Penguin Books, 2009)［遠藤真美訳 2009『実践行動経済学――健康、富、幸福への聡明な選択』日経BP社］
Warren, Mark E., 1996, "What Should We Expect from More Democracy? Radically Democratic Response to Politics," *Political Theory*, 24 (2): 241-270.
西條辰義編著 2015『フューチャー・デザイン――七世代先を見据えた社会』勁草書房
篠原一編 2012『討議デモクラシーの挑戦――ミニ・パブリックスが拓く新しい政治』岩波書店
田村哲樹 2008『熟議の理由――民主主義の政治理論』勁草書房
田村哲樹 2017『熟議民主主義の困難――その乗り越え方の政治理論的考察』ナカニシヤ出版
田村哲樹 2018「『主体的』ではない熟議のために――予備的考察」村田和代編『話し合い研究の多様性を考える』ひつじ書房
中野民夫 2017『学び合う場のつくり方――本当の学びへのファシリテーション』岩波書店

第6章 カフェテリアをデザインする

あなたは何派？

［ふとした選択に何かが出てしまう］

橋本　努

はしもと・つとむ　1967年生まれ。北海道大学大学院経済学研究院教授。経済社会学、社会哲学。著書に『帝国の条件』（弘文堂、2007年）、『自由に生きるとはどういうことか』（ちくま新書、2007年）、『経済倫理＝あなたは、なに主義？』（講談社、2008年）、『自由の社会学』（NTT出版、2010年）、『解読ウェーバー　プロテスタンティズムの倫理と資本主義の精神』（講談社、2019年）、編著書に『現代の経済思想』（勁草書房、2014年）、訳書にR・メイソン『顕示的消費の経済学』（名古屋大学出版会、2000年）ほか。

1 生活スタイルに埋め込まれているもの

あなたは何派ですか。「リベラル」ですか、「保守」ですか、それとも……?「リベラル」対「保守」とか、「タカ派」対「ハト派」とか、「右派」対「左派」とか、政治にはさまざまなイデオロギー対立がある。こうしたイデオロギーの問題は、何か日常の生活からかけ離れた話のように聞こえるかもしれないが、ふだんの生活のなかに、ひそかな対立として潜んでいるものである。政治の対立は、私たちのライフ・スタイルにねざしている。

食事のスタイルと政治の指向がつながる?

たとえば、食事の問題である。ファストフードやインスタントラーメンなど、手軽なモノばかり食べていると、食事面ではあまり批判的に考えることがなく、その意味で、政治的にも保守的な傾向がある、といわれる。これに対して、たとえ値段が高くてもオーガニック食品を積極的に買うなどして、自然環境や自分の健康を気遣う人は、リベラルな傾向がある、といわれる。コンビニでカップ麺を買って食べる人は現状肯定的な「保守」、スーパーで有機野菜を買う人は生活を批判的に見直す「リベラル」、という対立が生まれてくる。もちろん実際には、イデオロギーと食事はそれほど単純な関係ではないであろう。それでも食習慣によって、自分の政治的な意識が規定されるとすれば、私たちは自分の生活スタイルを、いちど見直す必要があるかもしれない。何をどのように食べるのか。なにげなく選択している食事の問題が、政治的な対立につながっていくかもしれない。

食事のスタイルが政治の方向性にもかかわってくるとすれば、私たちは、他人の食事についてもお節介に介入したくなる。「そんな食生活では、病気になってしまうかもしれないよ」とか、「批判的に考えて食事する人が減ると、政治家たちはますます権威主義的になるかもしれないよ」、といったことを主張したくなるかもしれない。

学食の経営を任されたら……

以下では、食事のスタイルと政治の関係をめぐって、大学の食堂（学食）を例に考えてみたい。大学の学食に行くと、カフェテリア形式の棚に、いろいろな料理の皿が並んでいる。もしあなたがその経営を任されたとしたら、どのように並べるであろうか。

料理皿の並べ方を変えるだけで、売上に大きな差が出てくることがわかっている。最大で二五％の売上の差が出る可能性があるといわれる。ある経営者は、たとえば商品の価格を高めに設定したり、利益幅の大きい料理を取りやすい棚に並べたりして、利益を最大化しようとするだろう。学食を利用している多くの学生たちは、そうした経営者の戦略に乗せられて、ついついお金を余計に支払ってしまうかもしれない。学生たちの満足度は低いかもしれないが、それでも周囲にあまりいいお店がなければ、学生たちはがまんして学食で食べることになるだろう。

しかしこうした経営の仕方は、よい経営といえるだろうか。経営者は利益を最大にするために、市場原理にしたがって行動したのであるから、何も問題ないであろうか。ところが大学という機関は、私立であれ国公立であれ、政府からの多額の補助金を受けて成り立っている。大学は、準・公的な機関である。そこには公共性の要素がある。学生たちは自治会組織を通じて、学食の経営について大学に意見書を提出するかもしれない。

はたして経済利益を優先すべきか、それとも、そうではない別のやり方を採用すべきか。経営者は、かならずしも市場原理にしたがう必要はない。自分の所得を最大化するように行動する必要もない。学生たちの生活を配慮して、学生たちのために一番よいと思われるやり方で料理を提供することもできる。経営者のビジョンによって、学食のあり方は大きく変わってくるだろう。

最善の陳列方法は、学生や教職員などの関係者たちの意見をふまえて、民主的に決めればよいだろうか。かならずしもそうとはかぎらない。民主的な決定にしたがっても、市場原理を無視したら経営は成り立たない。やはりだれかが経営の責任を引き受ける必要があるだろう。

市場競争だけが指針なのではない

問題は、たんに市場競争を導入すれば、一番いい仕方で料理が提供されるというわけではないというところにある。もちろん市場競争も重要である。サービスを供給する側が、市場競争を通じて切磋琢磨する。そしてよりよい料理を、よりよい価格で提供する。そのような市場のメカニズムは、大学の学食にも導入すべきであろう。しかし、市場競争を重んじる米国ですら、学校給食においては、すぐれたサービスを提供できていないようである。[★1]学校などの公共セクターにおいては、市場原理がうまくはたらかないという面もある。公共セクターにおいても、部分的にではあれ、人為的な市場メカニズムを導入していくことができるので、そのような仕組みを発達させていく余地はある。しかしそれでもうまくいかない場合、ほかにいったいどんな方法で、大学の学食をよりよくすることができるだろうか。

カフェテリア形式の大学の学食で、さまざまな料理の品をどのように並べるか。この問題は、アメリカの中学校や高校の給食の問題と類似の性質のものでもある。一方では、生徒や学生たちが、さまざまな料理のなかから自分の好きなものを自由に選ぶことができる。他方では、陳列方法によって、生徒や学生たちの選択行動が左右される。

いま大学は、学食での料理の支給方法をめぐって、大規模な実験をしようとしている。あなたはある経営コンサルタントといっしょに、さまざまな方法を試みることができる。最終的には、最もすぐれた陳列方法を選ばなければならないが、実験のための時間と予算はかぎられている。もしあなたが責任者であるとすれば、どんな陳列方法を実験するだろうか。これが問題である。

「アーキテクチャ」と「ナッジ」について

ある料理皿を棚の取りやすい場所に並べれば、その品の消費量は伸びるであろう。反対に、その同じ料理皿を取りにくい場所や目立たない場所に並べれば、消費量は下がるであろう。陳列の仕方によって、あなたはそれぞれの商品の消費量を変化させることができる。

これはしかし、なんとも不条理な状況である。もし顧客である学生たちが「合理的な経済人（ホモ・エコノミクス）」であるとすれば、陳列の仕方によって消費の選択を左右されることはないはずである。自分の予算制約と効用関数にしたがって、最も効用が高い料理を選ぶことができるだろう。ところが実際には、学生を含めて私たち消費者は、陳列のパターンによって消費を左右されてしまう。その意味で「不合理な人間」である。陳列に左右されるというこの不条理さは、なんとも克服しがたいようにみえる[★2]。

選択肢の提示の仕方が変わると、人びとの選択行動が変化してしまう。そのような場合の選択肢の提示パタンを、専門用語では「アーキテクチャ」とよぶ。ある特定のアーキテクチャを採用すると、ある選択肢が選択されやすくなり、別の選択肢は選択されにくくなる。制度を構築する側は、あるアーキテクチャを採用することで、消費者たちの選択を一定の方向に導くことができる。その場合、あるアーキテクチャを通じて、選択する人たちにある選択をうながすテクニックを、専門用語で「ナッジ」という。ナッジという言葉は日常語でも使われる。動詞で「ナッジする」という場合、選択する人の選択をある方向に後押しする、という意味になる。名詞の場合のナッジは、「ある選択をうながすこと」という意味になる。

さてこの「アーキテクチャ」と「ナッジ」という言葉を用いると、問題は次のように表すことができるだろう。あなたは学食の経営責任者として、どんなアーキテクチャを構築して、学生たちの食生活にどんなナッジをしたいか、と。

では、以下にさまざまなアーキテクチャのパターンを考えてみよう。大学が雇った経営コンサルタントは、これまでの経験をふまえて、あなたにいろいろなアドバイスをしてくれる。どの料理皿をどこに置けば、売上がどれだけ変化するかといった予測について、アドバイスをしてくれる。さらに経営コンサルタントは、だいたい以下のようないろいろな発想で、学食の料理皿を陳列するパターンを決めることができるとアドバイスをしてくれた。あなたが決めることがらは、以下のどの指針にしたがって料理皿を並べるか、という問題である（むろん、これ以外の指針で料理皿を並べてもいい。別のアイディアがあれば、それをぜひご提案いただきたい）。

2 どの指針が望ましいか

料理皿の並べ方：一二通りの指針

料理皿の並べ方の指針を、以下に一二通り挙げてみよう。

①**【厚生主義】**「厚生主義（welfarism）」とは、「厚生（welfare）」を最大化しようとする立場のことである。では「厚生」とは何か。それは、いろいろな観点から総合的に判断して、当事者にとって

最善の利益になるものである。厚生主義の立場は、学生にとって最善の利益になるように、という発想に導かれて、料理皿の並べ方を考える。では学生たちの「最善の利益」とはなんであろうか。実際には厚生主義の内部にも、さまざまな見解がある。ここでは次のようにとらえてみたい。学生たちは、かならずしも自分で自分の最善の利益を判断できるわけではない。その意味で「不合理な人間」である。野菜をあまり食べなかったり、あるいはご飯を食べすぎたりするなどして、結果として自分の健康をそこなうことがある。そこで厚生主義者は、料理皿の並べ方について、学生の親や大学の経営者たちなどの意見を取り入れることにする。さまざまな意見を集約して、学生たちが、栄養面で十分に配慮された料理を手にするように配慮するであろう。具体的には、ご飯の大盛りを高額にするとか、どの皿も肉の量を減らすとか、肉と野菜を組み合わせて一つの皿にするなどの配慮をして、料理皿を並べるであろう。

②【惰性的な習慣の意識化戦略】 この立場は、学生たちの惰性的な習慣を批判する。学生たちのなかには、毎日同じものばかり食べている人たちがいる。学食でも、あまり考えずに同じものを選択して、自分で自分なりの食習慣を作っている人がいる。考えるのが面倒なので、「とりあえずこれを食べるかな」という具合に選んでいる。けれども惰性的な慣習の形成は、思考力を硬直化してしまうだろう。そうした「思考の保守化」に対して、この立場は注意をうながそうとする。学生たちに、毎日の食事を意識的に選択してもらうために、たとえば料理皿の陳列の仕方を、毎回（あるいは毎週）ランダムにすることによって、学生たちが意識的に選択するようにうながすであろう。陳

列の仕方がランダムになっても、毎回同じ料理を意識的に選択する人もいるかもしれない。それはそれで、意識的に選択しているのであれば望ましい、とこの立場はみなすであろう。

③【自由尊重への配慮】　この立場は、陳列の仕方（アーキテクチャ）によって選択が左右されるという不条理を、できるだけ取り除こうとする。人間の自由な選択行為は、その都度の不条理なアーキテクチャによって、左右されるべきではない。むろん実際には、アーキテクチャに左右されない選択は不可能である。けれどもこの立場は、アーキテクチャに左右されない選択が、あたかも可能であるかのように陳列すべきである、と発想する。もしアーキテクチャがなかったら、学生たちが選ぶであろう料理皿を、実際に選択してもらえるように陳列しよう、というわけである。これはとてもチャレンジングな企てである。いったい、そのような中立的なアーキテクチャを作る方法はあるのだろうか。おそらくかなり試行錯誤しないといけないであろうし、完全に中立的なアーキテクチャを作ることはできないであろう。しかし諦める必要はない。経営コンサルタントは、かぎりなく中立的なアーキテクチャを構築する方向で、一定の陳列方法を提案してくれる。経営コンサルタントは、学生たちに何を食べたいかについてのアンケート調査を行い、選好と実際の陳列の関係を調べて、最適な陳列方法を提案するであろう。この立場は、顧客の自由な選択をできるだけ尊重して、それを実現してあげようと発想する。

④【賄賂の最大化】　この立場は、陳列する料理を、最高額の賄賂を差し出しくれる供給会社から調達しようとする。あるいは、最高額の賄賂を差し出してくれる供給会社の料理を、最も手に取りや

すい位置に並べようとする。そのようにして学食の経営者は、売上よりもむしろ、自分の懐に入る利益を最大化する。もちろんこれは違法なやり方なので、おそらく多くの人は反対するであろう。けれどももし違法とはいえないグレーゾーンの賄賂があるとすればどうだろうか。たとえば、「我が社の食材を用いた料理を最も手に取りやすいところに陳列していただければ、我が社はその売上の一部を、学生のための無償の奨学金として提供します」という申し出があった場合、あなたは経営者として、その申し出を受け容れるだろうか。あなたの懐には一銭も入らないが、あなたの取り組みは評価され、将来的には自分の地位をあげることに資するかもしれない。賄賂にならないグレーゾーンの範囲で、さまざまな取引が可能な場合、あなたは自身の地位やそれにともなう所得上昇のために、違法とはいえないグレーな取引で利益を上げるかどうか、という問題である。

⑤【利益最大化】　この立場の発想は単純で、学食の利益を最大化しようとする。[★3] できるだけ安く仕入れて、できるだけ高く売る。利益率の高い料理皿を、取りやすいところに並べる。反対に、利益率の低い料理皿は、取りにくいところに並べる。このようにして、年間の利益が最大になる陳列のパターンを見つけようとする。むろんその結果として、学生たちの食生活は、偏ったものになるかもしれない。たとえば学生たちは、いつも「鶏肉のから揚げ」と「炭酸ジュース」を選択するかもしれない。だがこの立場は、学生たちの健康状態を配慮するわけではない。大切なのは自分を含めて働いている人たちの利益であり、利益を最大化するためにはどんな方法でも試してみるであろう。

⑥【慣習的判断】　この立場は、社会一般に通用している「コモン・センス（共通感覚）」にしたがっ

て、ほかの大学でも採用されているような、一般的な陳列方法を採用しようとする。さまざまな陳列方法があるなかで、私たちの判断は迷う。経営コンサルタントのアドバイスがあるとはいっても、私たちはあらゆる可能性を試したわけではない。陳列の仕方にはリスクがともなう。では、最もリスクが少ない方法は何かといえば、これまでの先例にしたがうことである。たとえば、どうも多くの大学の学食では、最初の棚には前菜が陳列されているようだ、ということがわかれば、この立場はそのようなパターンにしたがうであろう。なぜそれが望ましいのかは、よくわからない。でもなぜそれが望ましくないのかについても、よくわからない。私たちはさまざまな点で無知に囲まれている。しかし先人たちのやり方には一定の知恵がある。先人たちは、いろいろ試行錯誤を重ねて、最終的にいまの陳列方法に落ち着いたのだろう。だからそれにしたがってみよう、と判断するのがこの立場である。

⑦【機能的判断】 この立場は、料理のさまざまな「機能」に注目して、最も機能的な仕方で料理皿を並べようとする。たとえば、重いものやこぼれやすいものは、手前に置いたほうが安全であろう。あるいは冷たい料理は、温かい料理とは離れたところに置いたほうが「冷たさ」を保持できるであろう。こうした技術的な観点から陳列の仕方を考えていくと、おのずと機能的に最適なパターンが見つかる。もちろん、技術的な配慮だけでは、すべての陳列パターンを決めることはできない。機能的判断という基準は、ほかの判断基準と組み合わせて用いる必要があるだろう。もう一つ、ここで注意すべきは、機能的判断は、かならずしも利益を最大化するとはかぎらない、という点である。

それはまた、次に紹介する「美的判断」の立場とも両立しないかもしれない（「機能」という言葉は、これを「健康を維持する機能」や「記憶力を保持する機能」のように、いろいろな意味内容に拡張できるかもしれないが、ここでは機能という言葉を技術的な問題にかぎって用いることにしたい。そうでないと議論が混乱してしまうからである）。

⑧**【美的判断】**[★4]　この立場は、学食の棚や料理皿の配置を、美的に演出することが望ましい、と発想する。たとえば「色のコーディネーション」について考えてみると、ある色合いの料理と、ある別の色合いの料理をとなりあわせで並べると、どうもパッとしない。ところが別の仕方で並べてみると、料理はたがいに色を補いあって、どちらもおいしそうにみえる。ほかにもライトのあて方や、棚の角度などの影響で、料理の見え方は変化するであろう。もちろん学生たちは、料理が美的にみえるというだけでは、選択をうながされないかもしれない。それでもこの立場は、大学の食堂というものが一つの文化であり、学生たちがふだんから美意識のあるカフェテリアを訪れることで、大学文化の水準が引き上げられることに関心を寄せるであろう。

⑨**【反省意識の要請】**　この立場は、学生たちが日ごろから自分の食生活を反省するように仕向けたい、と発想する。たんに学生たちが料理を意識的に選択するだけでなく、そもそも学生たちの食生活が、ほんとうに彼・彼女らにとって望ましいのか、という問題に関心を寄せる。乱れた食生活が原因で、体調が悪くなっていないかどうか。顔色が悪くないか、身体が太ってきたのではないか、

猫背になっていないか、などの関心を寄せる。けれどもこの立場は、そうしたお節介な関心を、学生たちに直接伝えるのではなく、あくまでもアーキテクチャを通じて、学生たちが自分で自己反省できるように仕向けたいと考える。「太ってきたね」などと直接伝えれば、相手は学食そのものを拒絶するようになるかもしれない。そこでこの立場は、たとえば、学食の入り口に大きな鏡を置くことで、学生たちが毎回、自分の容姿に敏感になるように仕向けるであろう。すると学生たちは、鏡を通じて自分の表情や身体を気遣うようになり、「今日は調子がいい」とか「調子が悪い」といったことを、自分でチェックするようになる。もちろん鏡を見ない学生もいる。それでも学食の入り口に鏡を置くだけで、学生たちの選択パターンは、よい方向に変化するかもしれない。この立場をさらに拡張すれば、学食の入り口付近に、体脂肪率を量る体重計や血圧計などを置いて、学生たちに無料で利用してもらうこともできるかもしれない。

⑩【追加情報による主体的判断】この立場は、カロリーや栄養素などの情報を、できるだけ商品のとなりに表示することが望ましいと考える。学生たちが必要な情報を考慮に入れたうえで、主体的に判断することをうながすためである。たとえばスーパーに行くと、肉や牛乳などの商品には、生産日や消費期限や着色料などの情報が表示されている。同様に学食でも、料理の中身について、必要な情報を提示すべきではないか。一定の関連情報が与えられた場合に、私たちの選択は主体的な判断になりうるからである。この立場は「人間の主体性」を重んじるために、必要な情報をすべて表示すべきだと考える。むろん実際には、商品の情報を、どの大きさの文字で表示するのか、どん

な字体で表示するのかなどによって、学生たちの選択にちがいが出るであろう。あるいはまた、たくさんの情報が表示されると、学生たちは判断に迷って、なかなか決められないかもしれない。実効的にはむしろ、料理に関するさまざまな情報を、スマホのアプリで確認できるようにしたほうがいいかもしれない。すると学生たちは、あらかじめ料理の情報をチェックしてから選択するかもしれない。

⑪【アドバイス情報の追加】　この立場は、料理のとなりに、たとえば「鉄分やビタミンをしっかりとっていますか?」といったアドバイスを表示することが望ましいと考える。ほかにもたとえば、「季節にあった旬の料理を食べましょう」とか、「糖分のとりすぎに注意しましょう」とか、「悪玉コレストロールの増加に注意!」などのアドバイスを、随所に表示するであろう。むろんこうしたアドバイスの言葉を「参考になる」と思う人もいれば、「お節介すぎる」と思う人もいる。あるいは、その時点では「うるさいな、いやだな」と感じても、あとから「やっぱりそうだな、正しいな」と思いなおす人もいるだろう。はたして料理の選択に際して、料理皿の近くに、お節介なアドバイスの言葉を添えたほうがいいのかどうか。アドバイスの表示が売上にあまり影響を与えないとすれば、アドバイスの表示はあったほうが望ましいのか。この立場は温情的な観点から、アドバイスの表示に賛成する。あまり嫌味にならないように、アドバイスのフレーズを考えるであろう。

⑫【アスリート・モデル】　この立場は、人気のスポーツ選手やアーティストなどの栄養摂取例をいくつか提示して、学生たちの選択に影響を与えようとする。食事にかぎらず、私たちはどんな生活

を送りたいのか、あるいはどんな人生を歩みたいのかという問題を考える際に、自分の人生に影響を与える人（インフルエンサー）の真似をする、ということがある。たとえば、テニスプレーヤーの大坂なおみ選手が毎日どんな食事をしているのか。食生活パターンに関する情報が、彼女の等身大の写真とともに示されたとすれば、学生たちの食生活に影響を与えるかもしれない。この立場は、何人かの著名人の等身大の写真と一緒に食生活の情報を表示して、「こういう人になりたいな」「そのためには食事の仕方を真似しようかな」という具合に、学生たちの選択に影響を与えようとする。大学の学食ではこのような仕方で、スポーツ選手やアーティストのほかにも、弁護士や登山家やアナウンサーといった、さまざまな分野で活躍している人たちの食生活を紹介することができるだろう（等身大の写真のかわりに、小さな写真と食生活に関する情報を料理皿のとなりに表示してもよいかもしれない）。

以上、カフェテリア形式の学食で料理皿を並べる方法として、一二の指針をあげて説明してきた。このほかにも検討すべき指針があるかもしれないが、さしあたって以上の指針のなかから、あなたはどの指針（あるいはその組み合わせ）を採用したいと思うだろうか。言い換えれば、どのアーキテクチャを採用して、学生たちにどんなナッジをしたいであろうか。

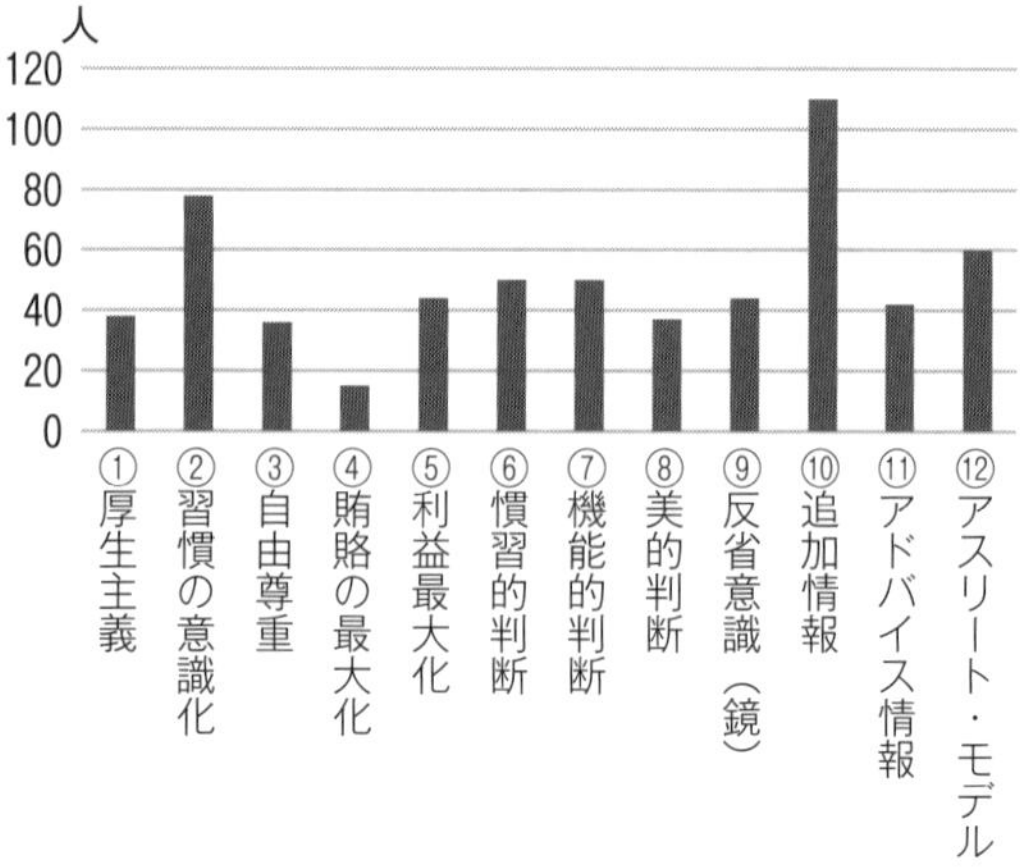

人
120
100
80
60
40
20
0
①厚生主義
②習慣の意識化
③自由尊重
④賄賂の最大化
⑤利益最大化
⑥慣習的判断
⑦機能的判断
⑧美的判断
⑨反省意識（鏡）
⑩追加情報
⑪アドバイス情報
⑫アスリート・モデル

学生アンケート結果
北海道大学経済学部の講義（2019 年度前期）。主として学部 2 年生が出席しているが、他学部の学生も多い。

アンケート調査の結果

以上の問題について、私の講義で学生たちに自分がよいと思う指針を三つ選んでもらったところ、その集計結果は、次のようになった。①三八人、②七九人、③三六人、④一五人、⑤四四人、⑥五〇人、⑦五〇人、⑧三七人、⑨四四人、⑩一一〇人、⑪四二人、⑫六〇人、である（図参照）。

以上の結果から、学生たちは、自分が学食の経営を任されたとしたら、何よりも⑩の「追加情報」を表示したいと考えた。その次には、②の「習慣の意識化」を選んだ。そして三番目には、⑫の「アスリート・モデル」を選んだ。この最後のモデルは、いわゆる「リバタリアン・パターナリズム」の議論には登場しないもので、私が独自に提案したものであるが、今回の集計では第三に人気のある指針として選ばれた。

このほか、自由市場経済を重んじる態度（③の「自由尊重」や⑤の「利益最大化」など）と、その反対に温情的な介入を重んじる態度（①の「厚生主義」や⑪の「アドバイス情報の追加」など）は、いずれも支持する人たちが拮抗した。④の「賄賂の最大化」を選んだ人もそれなりの数にのぼった。現実的かつ戦略的に発想する学生も、意外と多いことがわかった。

3 成長論的自由主義の立場

「選択の自由」を尊重する立場とは

以上の学食の例で、どのパターンを採用すべきかについて、この分野の研究を牽引してきたキャス・サンスティーンとリチャード・セイラーの二人は、おそらく③の「自由尊重への配慮」という方針を採用するであろう。彼らは明言してはいないが、「人びとの自由な選択行動を、あるアーキテクチャを通じてできるだけ実現してあげよう」という発想は、③を支持するであろう。

むろん「リバタリアン・パターナリズム」という言葉は、本質的なところで曖昧な部分がある。この立場はまず、「もし料理皿の並べ方というアーキテクチャに左右されなければ、学生たちはどのように料理を選ぶだろうか」という思考実験をする。そのためにたとえば、アンケート調査をするだろう。しかしアンケート調査への回答は、学生たちの「ほんとうの選好」を示しているとはかぎらない。たとえば、「あなたは多少高くても有機野菜を買いますか」と問われて、アンケートでは「はい」と答えても、実際にはなかなか有機野菜を買わない、というケースがある。アンケート調査は、かならずしも学生たちのほんとうの選好を顕(あらわ)すわけではない。

加えて、学生たちの「ほんとうの選好」というのは、学生たちがその都度いだく選好のことなのか、それとも「学生たちが長期的な視点に立って、後悔しないと思われる選択」を導くものなのか。「ほんとうの」という言葉の意味は、いろいろな解釈ができるであろう。「もしまったくアーキテクチャに左右されなかったとすれば、学生たちは、ほんとうは何を選択するのか」。この問いに対する答えは、仮説的なものにとどまる。この③の「自由尊重への配慮」の方針は、自由な選択という架空の状態を、私たちがいかに想像するのかという想像力のあり方によって、さまざまに変化するであろう。[★5]

たとえば、学生たちの「ほんとうの選好」を満たすためには、学生たちが料理を自由に選びつつも、それが結果として、本人の栄養状態を改善するものでなければならない。そのためには、栄養面でよい料理の皿を、できるだけ取りやすいところに並べたほうがいい。そのように並べることで、学生たちが「本当に選ぶ」であろう料理皿を選びやすくすることができる。しかしこのような発想は、かぎりなく①の「厚生主義」の立場に近づく。③の「自由尊重への配慮」という方針は、各人の栄養バランスを配慮する結果として、学生たちの効用の総和からなる「社会全体の厚生水準」を高める、という①の理念に近づくことになる。このように、③は、解釈しだいでは①と重なる。この場合、③と①をセットで採用する立場は、「選択アーキテクチャをそなえた社会的厚生主義」とよぶことができるかもしれない。

そしておそらく、サンスティーンとセイラーの「リバタリアン・パターナリズム」は、このように、③と①を組み合わせたものになるのではないか。彼らのいうリバタリアン・パターナリズムの正体は、「選択アーキテクチャをそなえた社会的厚生主義」である、というのが私の解釈である。もちろん彼らの立場を、もっと広く解釈する余地もあるだろう。サンスティーンとセイラーは「リバタリアン・パターナリズム」を、「オプトアウト（拒絶の選択）をする自由があるような選択社会」であると特徴づけてもいる。たとえば、次のような制度を考えてみよう。「自動車の免許」を更新する際に、免許証の裏に、「交通事故で命を落とした場合は臓器を提供することに合意する」というような文言が書かれているとする。もし臓器提供に合意しない場合は、「いいえ」の枠にチェックマークをつける必要がある。チェックすれば「オプトアウト」する（オプションとして拒否する）ことができる。しかしもし何も書き入れなければ、そのままデフォルトで臓器提供の意思を示したことになる。このようなオプトアウトのあるアーキテクチャは、リバタリアン（自由尊重主義者）にとってもよい制度であるだろう。しかしこのような考え方を大学の学食に応用してみると、どうなるだろうか。学生たちはそもそも学食で食事をしないという「選択の自由」を与えられているのだから、料理の皿をどのように並べてもかまわない、ということになるだろうか。リバタリアン・パターナリズムというのはこの場合、どんな並べ方でもいい、という立場になるだろうか。[★6]

「アスリート・モデル」とは

リバタリアン・パターナリズムは、狭義には「選択アーキテクチャをそなえた社会的厚生主義」

であり、広義には「拒否のオプションをそなえたアーキテクチャ全般」である。この広義の意味でリバタリアン・パターナリズムという言葉を用いる場合、どんな指針のアーキテクチャが望ましいか、という問題が生じる。そこで私が推したい方針が、⑫の「アスリート・モデル」である。

私たちは、「自分がほんとうは何を欲しているのか」と心のなかを探ってみても、やはり迷ってしまうことがある。学食でいま「ほんとうは何を食べたいのか」と問われても、「ほんとうに食べたいもの」など、ないかもしれない。大切な問いはむしろ、自分の「ほんとうの選好」ではなく、自分にとっての「理想の生活」ではないか。私にとって理想の生活とは何か。あるいはどんな人生を理想として生きたいのか。そういった問いかけのほうが重要ではないだろうか。

もちろん「自分にとっての理想」など、なかなか見つからない。理想はおおいに試行錯誤をして見つける必要があるだろう。「あこがれの他者」に学ぶことも必要であろう。私たちはだれかにあこがれて、その人の身振りや生活スタイルを真似しようとする。参考にしたいと思う人たちのことを、専門用語で「準拠集団（リファレンス・グループ）」というが、理想を見つけるためには、まず自分の準拠集団を見つける必要がある。どんな準拠集団にしたがって、自分の理想を育んでいきたいのか。「あこがれの他者」がいれば、私たちはその人たちの生き方を通じて、自分のなかにある願望（アスピレーション）を呼び覚ますことができるだろう。自分は何を願望しているのかについて、イメージできるようになる。自分の理想をイメージ・トレーニングするためには、あこがれの他者を見つける必要がある。

とはいっても、私たちは「あこがれの他者」の生活をまるごと真似したいわけではない。反面教師にしたい部分もあるはずだ。私たちはまた、「あこがれの他者」と同じ理想を生きたいわけでもない。あこがれの他者の理想を追い求めたとしても、結果として自分の理想はちがうものになるだろう。大切なのは、理想を追い求めてがんばっている人たちから刺激を受けることであり、そのためには「あこがれの他者たち」が、日々の生活をどのように律しているのか、あるいはどんな食事をしているのか、といったことがらについて知る必要がある。私たちは、「あこがれの他者」と同じ食生活をしても、同じ理想に到達できるわけではない。あこがれの他者の食事パターンは、自分にとって最適な栄養バランスともかぎらない。しかし「アスリート・モデル」は、さまざまな「あこがれの他者」に学び、自分のなかに「理想への願望（アスピレーション）」をもつことが大切である、と考える。

むろん学生たちのなかには、あるスポーツ選手の活躍に歓喜するいっぽうで、その選手のようにがんばろうとは思わない人もいるだろう。自分はただ観客として、ある選手の活躍に熱狂したいだけかもしれない。スポーツや音楽や演劇などで活躍する人たちは、ほかの人びとに喜びを与え、観客を「もてなしてくれる」という側面がある。観客が求めているのは、選手のふるまいを「まねる」ことではなく、そのふるまいに「歓喜すること」かもしれない。そしてまた、それがエンターテイメントの本質なのかもしれない。けれども「アスリート・モデル」が求めているのは、活躍している人たちの活動を鏡として、私たちが自分なりの理想を描くことであり、理想への願望を抱き、実現に向けて生活を律していくことである。スポーツが奨励されるべきだとすれば、それはたんに観客のためのエンターテイメントとしてではなく、人びとが選手たちの活躍を通じて、自分の理想を抱くようになるという「人格陶冶」の契機を含む場合であろう。

理想の他者に学ぶというこの「アスリート・モデル」は、かならずしもスポーツ選手をサンプルにする必要はない。理想の他者はアーティストや著名人などでもかまわない。重要な点は、私たちがある理想を実現している人たちをみて「自分にも何かできるはずだ」という可能性を喚起されることである。このような発想にもとづく制度設計の理念を、私はこれまで「成長論的自由主義」とか「自生化主義」という言葉でよんできた。狭義のリバタリアン・パターナリズムとは異なる理想ではあるが、アーキテクチャを検討する際の一つの指針といえるだろう。あなたがもし学食の経営者であるとすれば、どの指針（あるいはその組み合わせ）を選ぶだろうか。

★注

★1　先日、私の講義のなかで、ハワイから来た留学生が興味深い話をしてくれた。その学生によると、ハワイの中学校や高校では、給食がカフェテリア形式で支給される。ところがそこに並ぶ品は、ファストフードが中心で、バランスのとれた食事とはいえなかった。あるときＰＴＡ（親と教師の会）が中心となって、学校の給食をオーガニックな食事を配給してくれる会社に切り替えた。ところが、その食事がおいしくない。生徒たちは不満だらけになったという。

★2　以上の例は、[Thaler and Sunstein 2008] であげられる例とほとんど同じものである。彼らは、アメリカの学校給食を例にあげた。カフェテリア形式の陳列方法を、どのようにデザインするかという問題である。私たちはこれを、日本の大学の学食での陳列方法の問題に応用し、彼らが考慮しなかった別の陳列方法も検討する。

★3　以上、①から⑤までは、[Thaler and Sunstein 2008] を参照。

★4　以上、⑥から⑧までは、[White 2013: 98] を参考に作成。⑨から⑫までは独自に作成した。

★5　学食の過去のデータを参照しても難しいであろう。学生たちがこれまで選んできたものはすでにアーキテクチャに影響されたものだからである。

★6　定義の問題はほかにもある。セイラーとサンスティーンは、「リバタリアン・パターナリズムの黄金律」を、「役に立つ可能性が最も高く、害を加える可能性が最も低いナッジを与える」ことだとしている。またこの黄金律を詳しく説明して、「判断が難しくてまれにしか起こらず、フィードバックがすぐに得られず、状況の文脈を簡単に理解できる言葉に置き換えるのが難しい意思決定をするときに、ナッジが必要になる」と述べている [Thaler and Sunstein 2008: 74, 邦訳 121]。ところが先のカフェテリアは、この黄金律があてはまる事例ではない。

文献

Thaler, Richard H. and Sunstein, Cass R., 2008, *Nudge: Improving Decisions about Health, Wealth, and Happiness*, Yale University Press (Revised and Expanded Edition, Penguin Books, 2009).［遠藤真美訳 2009『実践行動経済学――健康、富、幸福への聡明な選択』日経BP社］

White, Mark D., 2013, *The Manipulation of Choice: Ethics and Libertarian Paternalism*, Palgrave Macmillan.

「〝自由を尊重する〟って何だっけ？」

第7章　「リバタリアン」とはどういう意味か？

リバタリアニズム論の視角からみたリバタリアン・パターナリズム

福原明雄

ふくはら・あきお　1985年生まれ。九州大学法学研究院准教授。法哲学。著書に『リバタリアニズムを問い直す』（ナカニシヤ出版、2017年）、『自由と自律』（共著、御茶の水書房、2010年）など。

1　リバタリアニズムにとってリバタリアン・パターナリズムとは何か？

リバタリアン・パターナリズム。この名前を与えられた一連の政策に関する知見の展開は、リバタリアニズムから／に対してのさまざまな態度を生み出してきた。サンスティーンとセイラーが一見「読者の心をひきつけるようなものではない」と述べつつ、「正しく理解されれば、（中略）別々に見るよりも組み合わせたほうがはるかに魅力的になる」［Thaler and Sunstein 2008：邦訳 15-16］と述べて生み出したリバタリアン・パターナリズムという言葉や発想は、少なくとも政策に関心のある者の人口に膾炙したといってよい。それはこの発想に導かれたサンスティーンの著作が専門書か一般書かを問わず積み上げられ、その多くが翻訳されていることを目のあたりにすればあきらかである。これは議論の斬新さのみならず、ネーミング・センスの勝利とも言えそうだ。

彼らはリバタリアニズムもパターナリズムも、「それぞれの言葉が教条主義者たちの持つ強固なイメージのなかにとらわれてしまっている」［Thaler and Sunstein 2008：邦訳 16］と揶揄する。しかし、当の「教条主義者」側は彼らの議論をどう見るのだろうか。ここではリバタリアニズムの側から彼らの議論をとらえなおしつつ、そのスマートさとリバタリアンたちのこだわりのあいだの齟齬を示したい。

もちろん、これだけ大きな影響力のある議論が、リバタリアニズムからなんの言及もなく放置されていたわけではない。日本にかぎっても、サンスティーンが来日した際の「リバタリアン・パターナリズム」と銘打たれたセミナーで、日本を代表するリバタリアンである森村進がコメントをしている。パターナリズムの定義問題にはじまり、リバタリアン・パターナリズムの提案の受け容れやすいもの／にくいもの、合理性概念への疑義等、バランスよく目配りも利いていた［森村 2013：ch.13］。私もすでに同様の問題についてみずからの見解を述べたことがある［福原 2010：福原 2017：ch.4］。

ここでの議論はこれらの文献とくらべて、より意識的にリバタリアニズム論から眺めている。あとでくわしく述べるが、リバタリアン・パターナリズムとして提示された政策手法の一群が自由に対してむける示唆は一様ではなく、さらにはリバタリアニズムとよばれる思想群も政府や自由に対する態度が一様ではない。その意味で「リバタリアニズムにとってリバタリアン・パターナリズムとは何か」という問いは、クリアカットな回答を期待できないのである。

というのも、そもそもリバタリアン・パターナリズムがリバタリアンと名乗るのは、「選択の自由を維持したり高めたりする政策を設計しよう」とするものだからだ［Thaler and Sunstein 2008: 邦訳 16］。彼らはこの意味での「リバタリアン」によって無際限のパターナリズムに限定をかけており、そこでの関心は選択の自由の尊重、一点にある。この選択の自由はオプトアウトによって維持されると考えられている。このようなオプトアウトの自由を維持しつつ、ある意図をもって選択アーキテクチャを設計することで一定の方向に（ここではパターナリスティックに）[★1]導こうとすることが、「ナッジする」ということである。

この説明のなかに「教条主義」のリバタリアニズムはどこにも登場しない。では、このような政策設計思想とリバタリアニズムはどのような関係に立つのだろうか。リバタリアン・パターナリズムは、従来の意味でのリバタリアンも受け容れざるをえないことをも意味するのか。そして、リバタリアニズムは、彼らのいう選択の自由を維持する仕掛けであるナッジという思想に、どのような視線をむけることになるのだろうか。

2 リバタリアニズムの正義構想からの視線

リバタリアニズムとは何か

まず、教条主義者とされたリバタリアニズムという思想群について説明したい。[★2] リバタリアニズムにとって最も重要なものは個人の自由である。ここでの自由とは一般に個々人のあらゆる行為や決定に対する外的な強制の欠如を意味する、消極的自由とよばれるものである。このような意味での自由を最大限に尊重するためにはどのような政治体制をとるべきか、具体的にはどの程度のことがらを政府が行うべきか、と考えるのがリバタリアニズムの基本的なスタンスである。さまざまな論者がいるが、リバタリアンを自認する論者は、それほど多くの役割が政府に与えられることはないと考える。少なくとも、現在の多くの先進国のような肥大化した政府を認めるべきでないと考える点では一致しているだろう。政府が抱える肥大化した役割は民間（おもに市場）に任せたほうがずっとうまく機能し、安くつくのだと考えている。この点において、リバタリアニズムが小さな政府論の系譜にあることはまちがいない。

もちろん、どの程度の役割が政府に認められるべきかという点において、リバタリアンたちの見解はさまざまである。政府に正統な役割など何一つなく、すべてが民間・市場によって賄われうるし、そうであるべきだと考える無政府資本主義（アナルコ・キャピタリズム）、政府の正当な役割は、国防と治安維持および司法機能にかぎられるとする最小国家論、現在の先進国よりも格段に小さな規模ではあれ、最低限の公共財供給や福祉も政府の役割だと考える古典的自由主義、というように、大きく分けて三つの立場がある。しかし、これらすべての立場は、個人の自由を守るために政府の役割・サイズをかなり小さく保つべきだという点では一致している。

リバタリアン・パターナリズムの関心事とリバタリアニズムの関心事

リバタリアニズムの関心は小さな政府にとどまるわけではないが、ここでは政府の役割という点から、ナッジについてみてみよう。ＯＥＣＤがまとめた『世界の行動インサイト』という事例集には次のような事例が収められている［OECD 2017：邦訳 316-318］。

英国において、求職者は失業手当給付金（Job Seekers Allowance）を受けられることになっているが、この給付を受け取る失業者を減らすために、ジョブセンター・プラスは効率よく失業者に職を見つける必要がある。そこで、通常の求職支援方法に簡素化（入口の面談を効率化し、最初から求職アドバイザーと相談させる）と計画支援（いつ、どこで、どのように求職活動を完遂させるつもりかをあらかじめ明記させて、アドバイザーと一緒に求職活動計画を立てさせた）の二つの変更を加えることによって、求職者の就労の効率化をはかった。結果として、通常どおりの方法と比較して、変更を加えた支援方法では一三週間後に失業手当を受け取っていない人の割合が一・七ポイント増加した。これは「実行意図」と呼ばれるインサイトから導き出された計画支援のあり方であり、それが実際に効果をあげたことを示している。

さて、リバタリアンたちはこのようなナッジを加えた行政サービスにどのような反応をするだろうか。おそらく、にべもなく拒絶するだろう。なぜならば、失業者に職を見つけることも、職を見つけるまでのあいだ求職者に手当を与えることも、多くのリバタリアンたちはそもそも政府の役割だとは考えないからである。リバタリアンが個人の自由を重要視しているので、このような政策「手法」をどのように評価するのかが大きな関心をよぶのだろう（それゆえに、リバタリアンたちにリバタリアン・パターナリズムへの応答が求められてきた）。しかし、リバタリアニズムという構想が、それとは別の関心を中央に据えているものだということを落ち着いて思い出す必要がある。

リバタリアニズムがナッジのような政策手法にむかって放つべき第一の矢は、「そもそもそのような政策は政府の役割に含まれるべきか」であろう。さまざまな政策をどう実施するかの前に、そのような政策を採用すべきかという問題が解決されなければならないという主張は、おもに正義論とよばれる土俵で議論を繰り広げてきたリバタリアニズムとしては自然な反応である。リバタリアニズムの哲学的正当化論としていまなお絶大な影響力をもつロバート・ノージックの著作『アナーキー・国家・ユートピア』が次の一節ではじまっていることは、あらためて思い出されるべきだろう。

「諸個人は権利を持っており、個人に対してどのような人や集団も（個人の権利を侵害することなしには）行いえないことがある。この権利は強力かつ広範なものであって、それは、**国家とその官吏たちがなしうること**――が仮にあるとすればそれ――は**何かという**問題を提起する。個人の権利は、**国家にどの程度の活動領域を残すものであるのか**。本書の中心的関心は、国家の本質、適正な国家の機能、国家の正当化（それがあるなら）にあ」る［Nozick 1974 : i, 強調福原］。

そのいっぽうで、サンスティーンとセイラーが次のように書いていることは好対照をなしている。「インセンティブとナッジが要求と禁止にとって代われば、政府は小さくなると同時に、より穏当になるだろう。（中略）**我々はより大きな政府を求めているのではない**。**より良い統治を求めているだけである**」［Thaler and Sunstein 2008 : 邦訳 30, 強調原英文］。つまり、リバタリアニズムが論じているのは政府の規模であるいっぽうで、ここでサンスティーンらが論じていることはより良い統治＝スマートで効率的な統治の問題である。

政府論の位相のズレ

「政府の規模」と「効率のよい統治」は同一の問題に対する回答ではない。そして、政府の規模、すなわち何が政府の役割であるかという問題のほうが先決問題である。どう実施するかは、何を実施するかを決定しなければ決めることはできない。おそらく、サンスティーンらにとっては、何が政府によって解決されるべき問題であるかは、すでにある程度合意があると想定されている。[★3]しかし、彼らがあげる例や『世界の行動インサイト』にあげられている例などについて、リバタリアニズムは、それらはほんとうに政府の役割として正当化されるのかという問いかけを差し挟むことになる。だからこそ、彼らはリバタリアニズムを面倒な教条主義者として立ち現れてくるものだとみなしているのではないだろうか。

このような高度に論争的で抽象度の高い議論をいちど括弧に入れて棚にあげ、ある程度一般的な合意があるとされる事柄を足がかりに問題を解決しようとするのは、サンスティーンの議論の特徴ではある。しかし、この方法は、棚にあげられたリバタリアニズムを含む正義論にまつわる問題について、論じる必要を消去するわけではない。「はじめに」で那須が論じたように、政府論を大小から「スマートさ」へと転換させた契機がたしかに「新自由主義的」な民営・市場化の失敗という受けとめにあり、もはや福祉国家的発想から離れられないのだとしても、それでもなお何が政府の役割であるべきかという問いは消えない。それが意味ある問いであるならば、明確な結論が容易に期待できないようにみえることは、議論を省略してよい理由にはならない。それはもちろん、経済的効率性からの議論もあるだろうが、より見直されるべきは道徳的な観点からの議論である。

その成否はどうあれ、政府の規模を考える際にあげたノージックの議論はあくまで個々人がもっている権利を基盤にしていた。個人の権利を侵害することなく正当化されるような政府のあり方はどのようなものかという発想は、効率的な運営のために機能を市場化して政府規模を小さくするという発想とは根本的に異なる。ノージックにとって政府が小さくあるべきなのは、肥大化した政府は非効率だということだけではなく、道徳的に考えて政府にはわずかな権限が許されるのみだからである。ここで検討されるべき権限は、分配に関する問題から、モラリズム、卓越主義に至るまでさまざまな事柄を含むだろう。

このように考えるならば、スマートさはどうあれ、そのような政府の役割は道徳的に許されるだろうかという蒸し返しは、たんなる政府の規模論から、政府の正当化基準の複数性として、良い統治を行う政府に対する別の視角をもたらす。ステップは順に、確実に踏まれるべきである。

3 リバタリアニズムの自由論からの視線

政府の役割が決まれば話は終わり？

一方で、無政府資本主義でないかぎり、政府の良い統治が問題として立ち現れうることは事実である。とくに、古典的自由主義とよばれる立場の論者は、国防・治安維持・司法機能にとどまらず、ある程度の公共財・福祉供給をもその機能に含める。この場合に『世界の行動インサイト』のような積み上げはリバタリアニズムにも影響を及ぼしうる。個人の自由を擁護するリバタリアニズムにとって「要求と禁止」という規制様式が受け容れにくければ、その道徳的コストや実践的効率性において「安価な迂回路[★4]」であるようにみえるナッジという方法は、受け容れやすいはずだ。もはや政府の役割は明らかであり、リバタリアン・パターナリズムは選択の自由を制約しないというのだから。

この節では仮に、政府の役割（政策目標）について、リバタリアンとリバタリアン・パターナリストのあいだに合意があるとしよう。それにもかかわらず、両者のあいだで見解を異にすることがらは、存在するだろうか。私見では、存在するというリバタリアンと存在しないというリバタリアンに分かれるだろうと思われる。彼らの違いは何によってもたらされるのか。

その大きな要因の一つは自由観にある。リバタリアンたちが重視しているのは強制・介入の欠如としての消極的自由だということはすでに述べた。しかし、彼らはなぜ他者からの強制や介入を頑なに拒絶すべきだと考えているのか。自由であることを守ることの意義はなんなのか、なぜ自由は重要なのか？　この点が問題になる。以下では、リバタリアン・パターナリズムの自由観を検討するために、まずリバタリアニズムの自由観を確認しよう。

自由に何を期待するのか

リバタリアンたちにとっての自由の意義・重要性について、大きく分けて二つの擁護のルートを見出すことができるだろう。自由はそれ自体として重要で価値あるものだという考えと、自由はなんらかの良い帰結をもたらすがゆえに重要であるという考えである。この考え方はおおむね、リバタリアニズムの大きな二つの流れと符合する。前者はノージックに代表されるような自己所有権をベースにして展開されるリバタリアニズムに親和的な自由観である。一方、後者は帰結主義的、つまり、功利主義や経済的効率性などの良い帰結やその効率的な実現を自由の価値ととらえ、リバタリアニズムを擁護する。

この点について、私はすでに論じたが［福原 2017：ch.2］、多くの「自由主義者」にとって個人の自由を他者の介入から守り、尊重させるために重要な役割を果たしたのは後者の意味での自由の重要性であった。すなわち、個々人が自由に行為することによって、みずからの目的・利益を最もよく達せられるし、少なくとも他者が決定するよりはよく達せられるのであるから、他者の強制・介入によってそれを妨げられるべきではない。この見解こそが、リバタリアン・パターナリズムが行動経済学の知見を用いて反駁しようとした、帰結主義的「自由主義」のアキレス腱でもあった。

日常的に我々が知っており、かつ、行動経済学の知見が雄弁に語るとおり、我々の行為はつねに合理的に目的・利益を追求できているわけではないし、本人がいやになるほど同じような間違いを犯す。もし仮に、他者の手によってみずからの目的・利益をよりよく達せられるなら、他者から強制・介入されない自由を頑なに保持することにどれほどの理由があるだろうか。自由を尊重することで良い帰結がもたらされるという理由で自由を正当化する理路をとるかぎり、このような疑義は避けられないだろう。帰結主義的な正当化のもっともらしさは、我々がたまたまそのような社会状況におかれていたのだという事情に支えられていたのではないのか。

自由の意義を帰結の良さで語ることの側面

このように議論の状況が変わっているとはいえ、自由と帰結の良さを結びつけて語る論法が、自由の説得力を大きく増すことに間違いはないようにみえる。そうであれば、自由主義者がなすべきは、やはり自由は良い帰結をもたらすことに優れているのだと実証的に示すことかもしれない。そのような道もあるだろう。ただ、自由の価値を考える際に、たとえばそれが個々人に良い帰結をもたらす、つまり福利をもたらすからだと論じる場合、自由の価値は福利の増進にあると主張していることになる。このとき、自由それ自体に独自の価値は存在していないということになるかもしれない、と思いなおす必要はあるだろう。

安藤馨が述べるように、自由を「個人の合理的追求の対象である個人的価値、つまり福利（中略）へのアクセシビリティとして把握しようとする」自由論には、「何かおかしなものがある。自由の価値を専ら主体の福利に依拠して説明するのであれば、自由に内在的な価値は存在していない」［安藤 2009：138-139］。このような意味での自由の価値の実質は福利の価値であり、自由それ自体の価値は（別にあるのだとしても）示されていないのである。

このような理解に直面したとき、自由と福利の関係は逆転する。福利は自由のためにあるのではなく、自由は福利のための道具にすぎない。そのような観点からすれば、たしかにこれまでの我々にとって、福利を増進するという目的のために最もよい手段は、外から手を加えるよりも本人に任せて自由にやらせることだったが、行動経済学などの知見をふまえれば、我々の限定合理的な判断に応じてさまざまな仕方で介入する方がより良く福利を増進するのであるから、後者の手段をとるべきだろう。前者における自由の価値は、福利のために有用な道具である点にあるのであって、自由それ自体に省みられる魅力が見出されていたわけではない。もちろん、自由は少なくとも、ほかより使える道具なのだと示される可能性は開かれたままである。しかし、より使える道具が見つかれば、以前の道具にこだわる理由はない。

ナッジにおける選択の自由——失敗事例の評価

ここで話をナッジに戻そう。サンスティーンのナッジに関する議論はその関心、重点、論調がまちまちであり、複数の著作を同じ観点から評価してよいかは難しい問題だが、そのなかで一貫して維持されているのは「選択の自由」を保持すべきだという見解である。しかし、右のような事情から、その意味を正確に把握することは難しい。そこで、ここでは「ナッジ」と表現しはじめた時期と最近の著作を参照することで、不完全ながらその描写を試みたい。まず、『実践行動経済学』であげられた次のような事例を確認しよう［Thaler and Sunstein 2008：邦訳 245-250］。

二〇〇〇年の米大統領選挙のおり、高齢者向けの公的医療保険制度「メディケア」において、給付対象でなかった処方薬剤の扱いが争点となった。アル・ゴアが処方薬剤をメディケアに含め、全高齢者向けに単一パッケージを示したのに対して、ジョージ・W・ブッシュは民間医療会社が考案する多様な薬剤費給付プランを提供し、各高齢者に加入するのか、どのプランにするのかを選択させる新しいプログラムを提案した。実際に、このブッシュの案はパートDとして成立した。ブッシュ曰く「選択肢が増えれば増えるほど、皆さんのニーズに合ったプログラムが見つかる可能性が高くなります」。プラン数は各州で異なるが、およそ五〇～六〇プランが示され、さらに増えている。

サンスティーンらによれば、このプログラムには選択アーキテクチャの点で重大な欠陥があった。というのも、加入者が最適なプランを探すのを助ける手引きがほとんどなく、「非加入」をデフォルト・オプションにしてしまい、自動加入した六〇〇万人にデフォルトのプランをランダムに割り当ててしまったからである。

注意すべきは、彼らはこのプログラムがさまざまなニーズに合うように数多くのプランを提供できる点では一定の評価をしていることである。彼らにとっての問題点は、一つのプランに固定されるよりも各々にとって望ましいプランが存在しているにもかかわらず、実際にこのプログラムを使う高齢者にとって、あまりにも選択肢の多い複雑な構造をしており、望ましいプランにたどり着くことが困難だという点にある。さらには非加入をデフォルトにしたり、デフォルト・プランをランダムに割り当てるのは、高齢者の利益に資する方法ではない点にもある。

このような状況においても、選択を行う人びとが合理的経済人（ホモ・エコノミクス）であれば、なんの問題も生じない。彼らは適切に情報を取り出し、処理してみずからにとって最もよいプランを見つけることができるはずだ。さまざまなプランが存在すればするほど、合理的経済人にとっては魅力的だろう。問題が生じるのは、さまざまな面で我々の能力がかぎられているからである。合理的経済人にも我々にも同じだけ選択肢が開かれている。この状況は変わらないにもかかわらず、我々にはなんらかの助けが必要であり、そのような助けがなければ、我々に開かれた選択肢、そこから何を選んでもよいという選択の自由はそれほど魅力的なものではないと考えられている。

誘導性とその含意

このように、我々にとって選択の自由を魅力的にしたり、魅力を失わせたりするものを、サンスティーンは誘導性（navigability）と表現するようになった。彼は自由と誘導性の関係をこう表現する。「誘導性への障害は人間の生における不自由の最たる源である。（中略）選択の自由は重要であり、決定的でさえあるが、もし人生を導けないならば掘り崩され、台無しにさえなる」[Sunstein 2019: 2]。

この誘導性が、おそらく、彼の現在の自由論を支えているものである。曰く、「誘導性への障害は、たとえ人々が選択の自由を保持しても、自由を減少させる。（中略）多くのナッジそして多くの形態の選択アーキテクチャは、誘導性を増加させる——人々が好む目的地へと辿り着くことを容易にする——という目的を持つ」[Sunstein 2019: 44]。

少し整理しよう。サンスティーンは選択の自由があること、選択肢が多いということに対する態度はおそらく変えていない。各々により適合的な保険プランが存在することは望ましいし、人びとが好む目的地もそれぞれであったほうがよいと考えているだろう。問題はそのような保険プランや目的地にたどり着けるかどうかである、という認識も変わっていないだろう。そうだとすると、以前には言語化されていなかったこの誘導性こそが、彼の自由にとって決定的であり、誘導性を上げることがナッジの役割だということになる。

彼の議論では、誘導性への障害は自由を駄目にするが、ナッジによってそれを取り除くことができる。ナッジは自由を良きものにしたり、人びとをより自由にするのだと考えられている。彼にとって自由の意義が発揮されたときとは、誘導性によって人びとの目的が達成されたり、よりよい選択肢を選ぶことができたときであって、目的地にたどり着けなかったり、良くない選択をしたときには発揮されていないのである。つまり、自由がなんらかの基準でよい目的の達成に寄与することができるとき、自由には意義がある、と考えるのが誘導性を軸とする自由観であろう。これは個々人の選択においては、そのまま福利の実現ではないのだろうか。

サンスティーンはナッジの基準を「情報を持ち、一貫した状態の彼ら自身がしたいと思うように」導くもの（ミル主義アプローチ）と、人びとの観点とは独立に直接に福利の増進を基準として導くもの（ベンタム主義アプローチ）に区別している［Sunstein 2019: 94-105］。前者は個人が十分な情報をもって判断し、みずからの選好を充足するという福利観を基準とするナッジだと理解できる。一方、後者は対象の個人がもつ選好と離れた基準で福利増進をめざすナッジである。両者の違いは福利に個人が（現在）もつ選好をふまえるかという点にある。[★5]

いずれにせよこのようなナッジが誘導性を上げて、我々を自由にするのだというとき、我々をナッジしてめざしているものは我々の福利の増進である。これはまさにパターナリズムである。ここでの問題は、どうやらサンスティーンが価値があると考えているようにみえる誘導性を備えた自由というのは、まごうことなく自由を「個人の合理的追求の対象である個人的価値、つまり福利へのアクセシビリティとして把握しようとする」ものではないのか、という点である。形式的な選択の自由がそれだけでは価値をもたず（むしろ台無しにもなる）、価値を生み出す源泉が個々人が好む目的地にたどり着けたり、最適なプランを選べることにあるとすれば、福利の増進あるいはその能力にこそ価値があるのだ。ここから、このような自由の価値の実質は福利の価値にあると診断してもそれほどおかしくはないだろう。

ここまでの議論をふまえると、サンスティーンは福利に結びつくかにかかわらず選択の自由に価値を見出し、これを保持する「リバタリアン」・パターナリズムを擁護したわけではなさそうである。あるいは、形式的な選択の自由の役割は、ナッジに個々人の選好を載せることによって、選好をふまえない福利観が漂わせる非リベラルさや押しつけがましさを回避することにあるのかもしれない。もっとも、ベンタム主義アプローチはそれも手放しているが。いずれにせよ、リバタリアン・パターナリズムの魅力のうち、選択の自由の魅力は福利につながる魅力として読み変えられるべきであり、「リバタリアン」・パターナリズムは、かならずしもほかならぬ自由に価値を見出しているわけではない。

4　ナッジにとって自由の要点とは何か？

しかし、このような見解は早計にすぎるかもしれない。あるいは前節の議論では現れない形で自由を求めているのかもしれない。この節では、ナッジにおいて自由とは何であるかを、リバタリアンの自由論を通して見ていきたい。

説得と影響の関係

確認だが、森村が論じたとおり、自己所有権をベースとして自由を把握する場合、道具としてのナッジの多くは、リバタリアンのいう自由を侵害しない。ここでいう自由とは「外的強制の欠如であって、影響の欠如ではない。（中略）それは人々が自主独立の人である自由と同様に、依存的である自由をも認める」［森村 2013：362］。私もおおむねこの見解に同意するが、少なくともいちど、依存的であるために、依存的になる選択の機会がなければならない。

この点を考えるうえで、森村の見解は興味深い。森村はリバタリアン・パターナリズムが用いるナッジである「デフォルト・ルールやフレーミングや正面きった示唆・助言といった手段によって計画者が人々に影響を与えることは、それ自体としては人々の自由を侵害するものではない」［森村 2013：362 強調福原］と理解する。これらは森村が「行為者の利益のために「彼をいさめ、彼と議論し、彼を説得し、彼に頼み込む」ことを単に容認しているだけではなく、奨励もしている」［森村 2013：360］とミルの議論を引いて、パターナリズムでないものを特定したことを考えれば、一貫した議論のようにみえる。しかし、説得等とナッジはほんとうに同列に扱えるだろうか。

ここでは議論を単純化するために、説得とナッジによる影響だけを取り出してみたい。まず説得が我々の決定にどのような影響を与えるかを考えてみよう。

非常に素朴に決定について考えてみよう。ある人はある事柄について、自分のもつ知識や情報をよく考えてみたり、湧き上がる感情に突き動かされたりして、なんらかの決定をする。それによってなんらかの帰結がもたらされる。これが「本人が決めた」といえる状況だろう。この決定プロセスが何か特定の仕方の介入を受けずに、最終的な判断者が本人であるといえることを、リバタリアンは自由な自己決定と表現するように思われる。たとえば、このプロセスにおいて強制や脅迫のような他者からの介入があれば、それを「本人が決めた」とはいわない。これがリバタリアニズムの見解だと理解してよいだろう。★6

では、強制と区別された説得はどの部分に対する影響力だろうか。おそらく、知識や情報に影響する。本人のもっている情報が間違っている、勘違いをしているというような、決定の情報的基礎に影響を与えることを意図して行われよう。説得が自由を侵害したと評価されないのは、さまざまな説得や情報を取り込んだうえで、「従う／無視する／一部だけ受け容れる」等、最終的にみずからの決定に従属させられるからである（もちろん、その扱いや決定が高度に合理的とはかぎらない）。強制が問題なのは、本人の決定を従属させる介入だからである。

教育的ナッジと非教育的ナッジ

このような理解のなかでナッジはどのように評価されるべきなのか。それを考えるためにナッジを大きく二つに分けよう。情報を提供するなどして本人の選択能力を高める教育的ナッジ（目覚まし型ナッジ）と、単純に本人に特定の選択をうながす非教育的ナッジ（幻惑型ナッジ）の二つである。[★7]非教育的ナッジの典型はたとえばデフォルト・ルールの設定だ。この二つのナッジと説得はどうちがうのだろうか。

教育的ナッジは説得にとても近い。つまり、本人に知識や情報を与え、気をつけるべき点を指摘することで、決定に影響を与える。もちろん、このようなナッジは最終的に決定に反映されなかったり、聞きかじるだけにすませることもできる（やはり、その扱いや決定が高度に合理的とはかぎらない）。もちろん、影響は自覚的なものだけではないだろうが、その影響は本人の決定に従属する。その意味で、（それ自体難問だが）**適切に用いられるならば**、教育的ナッジは説得と同列に扱えるかもしれない。

一方で、非教育的ナッジはどうだろうか。『実践行動経済学』の冒頭にも登場する例を考えよう［Thaler and Sunstein 2008：邦訳 10-15］。食堂利用者の食生活を改善するために、健康的な食事を手前の取りやすいところに置き、そうでないものを見つけにくく、取りづらいところに置くようにデザインすれば、利用者は無意識のうちにより健康的な食事をできるようになる。

いくつかのナッジは影響されている人ですら気づかずに機能する。この食堂デザインもその一つである。それゆえ、このようなナッジは我々の気づかないうちに隠れて行われ、我々を操る(manipulation) 危険があるとの批判もある。しかし、この批判にサンスティーンは次のように答える。「そのようなデザインは隠されていない――それどころか明らかなはずだ。しかし、**健康的な選択を促進するように**食堂がデザインされているとは気づかないかもしれない」［Sunstein and Reisch 2019:122, 強調福原］。そのうえで、「新しい証拠によれば、仮にナッジが機能していると聞かされても、ナッジの効果が消えないことが分かった」［Sunstein and Reistch 2019:123］とも述べている。

まず、この議論を説得との関係で考えるうえでは、**どのように**ナッジされているかを聞かされるか否かが意味をもつ。そのようなナッジの影響力を加味して最終的な判断をするのは、そうでない場合とくらべて、決定への影響の仕方が異なるからである。

しかし、重要な問題はここからである。サンスティーンの述べるとおり、ナッジされていることを認識してもなお、効果が消えないのであれば、非教育的ナッジは本人の決定プロセスに不可避的に影響を及ぼすということを意味する。ここでの問題は、これまでに言及していない、本人の決定プロセスとは別のルートによって、不可避的に決定が影響されていることである。

サンスティーンは「人々の合理的な熟慮の能力がバイパスされるとき、ある行為は操作的であるとされる」[Sunstein and Reistch 2019:123] と定義しており、その存在をわかっていても避ける・無効化することのできないナッジの影響力は、操作的である可能性がある。もちろん、あらゆるナッジがそうだというわけではないが、このような操作的ナッジは自由にとって問題になりうる。★8 しかし、このようなナッジは精確にはどのように問題で、どのように対処すべきなのだろうか？

ナッジの責任

このようなおそれを含んでしまう非教育的ナッジの使用を禁じ、取り除けば解決になるだろうか。サンスティーンの考えでは、我々にはなんの影響力も存在しない中立的な場所での選択など存在しないのだから、そのような処方箋は適切でない。「我々にそれが見えようが否が、選択アーキテクチャは不可避であり、我々の選択に影響する。（中略）天気はそれ自体が選択アーキテクチャの一形態だ、なぜなら人々の決定に影響するからだ」[Sunstein 2019:11]。そして「我々の選択はしばしば人類に責任のないアーキテクチャの産物なのだ」[Sunstein 2019:14]。いずれの時代や世界においても選択に影響するアーキテクチャは遍在しており、環境からなんの影響も受けない選択など存在しないのだから、これを取り除くことは不可能である。

たしかにそうかもしれない。しかし、我々が自由について考えているのだと思い出すとき、バーリンは人が一〇フィート（約三m）跳べないことを消極的自由の侵害だとよんだだろうか。消極的自由は他人の故意の干渉によって侵害されるものについて考えていたのではなかったか［Berlin 1969：邦訳 304-305］。五輪の開会式のために人工的に雨を降らせたという話は聞くが、一般的に天気などの自然現象は人類の意図的な介入によってもたらされる影響力ではない。一方で、選択アーキテクチャを意図的に設計して一定の方向づけを行うナッジは、単なる選択アーキテクチャではなく、だれかの故意によってもたらされた選択アーキテクチャである。そうしてもたらされる環境が正当化できるものかはそれ自体問題であり、そこで行われる選択はナッジによって影響を受けることになる。このとき、それが適切な教育的ナッジであれば、影響力は本人の決定プロセス内にあるだろうが、非教育的ナッジの場合には本人の決定の範疇を超える影響力が及ぼされている場合がある。このとき、ある決定は、本人によってもたらされた決定だとみなされるべきだろうか。

もう一つ、これに関連する懸念がある。それは、このような不可避的な影響を与えておきながら、たとえばデフォルト・オプションから変更することもしないことも選択の自由によって許容されるのだから、為されたどんな選択も真正に本人の決定であると考えられているように思われることである。このことは、もしデフォルトに問題があると思えば、選択の自由によって選択を変更（オプトアウト）し、みずからの福利を増進すればよいし、するはずだと考えられていることからも示唆されている。ここにはデフォルトにとどまることも変更することも自由なのだから、その帰結も当然に本人のものであるという想定があるようにみえる。しかし、我々が気づかないうえに不可避的に機能するナッジが行われ、かつ、そのようなナッジが人間の認知枠組みの欠点を突いたものだとすれば、この選択は本人のものであるというべきなのだろうか。

少しまとめつつ言い換えよう。「もはやどこにも中立的な場所はない」ということによって、それとわからぬように環境に手を加えたうえで選択の自由に任せる方法は、この選択が誰のものなのか、その帰結や責任が誰のものなのかを不透明にするのではないだろうか。あからさまに強制的な介入を伴うパターナリズムによる決定やその帰結が本人のものであるとは誰も言わないだろう。本人は実際にその選択もしていなければ、そのような介入に依存するという選択もしていないのだから、ここに本人の選択は介在していない。一方、いま、誰もが立っているとされる「中立的でない場所」が、だれかの故意による設計を経て、一定の誘導的な環境としてそれとわからずに仕上げられているとき、このような設計はあきらかに本人の決定に影響を及ぼす。このとき、最終的に決定したのは本人であるかのようにみえるかもしれない。しかし、この場合の決定とその帰結は、本人のものなのだろうか。形骸化させた選択の自由を、本人に帰責するために利用しているだけではないのか。

選択の「歴史的原理」としてのリバタリアニズム

自由自体に価値を見出すリバタリアンにとっての自由は、自己の人生をみずからの手で形作ることで意味あるものにするうえで必須であり、[★9]これに見合うような帰結の引き受け方を要求する。人生を個人による選択の連続とみるならば、他者からの介入を排除した自己決定の連続によって人生は推移していくべきだとリバタリアンは考えるだろう。もし、この人生の推移が、本人以外の誰かによる意図的影響によってもたらされ、かつ、その影響が本人の判断をバイパスして及ぼされているならば、その推移の結果のすべてが本人のものだというのは難しいのではないだろうか。

ここには正義論でいう歴史的原理に類似した発想を見出しうる。「正しい状態から正しいステップを通して生起するものは、何であろうとそれ自体正しい」[Nozick 1974: 邦訳 256]。ある正統な状態から適切なプロセスを踏むと、その正統性が保存される一方、適切でないプロセスが踏まれた場合には、もたらされた結果に正統性はない。この発想からすれば、少なくとも、いま問題にしているような操作的ナッジによる影響は、リバタリアンが適切だとみなすプロセスを人びとに踏ませないだろう。

選択アーキテクチャという発想は、従来想定されていた分水嶺としての人為と環境という区別を混ぜてしまう。環境にも人為の要素が必然的に入り込む（＝中立的な場所などない）ことを強調する。そうであれば、仮に、操作的なナッジが福利を減退させる結果をもたらした場合、少なくともその責任の一端は環境を作り上げた人為たる設計者にあるのではないか（増進の場合もまたしかりであるが)。この責任を、形骸化した選択の自由や、オプトアウトの可能性によって、自由な自己決定と同様に本人に帰責させうると考えてよいのだろうか。

大文字の権力への注視

サンスティーンにとって、実践への結びつけやすさ、人びとの受け入れやすさは議論の重要な要素だろう。しかし、理論的には（耳触りのよさそうな）自由へのこだわりを手放すことが、議論の見通しを劇的によくするのではないだろうか。それでなんらの問題も生じないのかは、別途問われるべきであるが。

ナッジの問題が個人の自由と政府の強制という旧来の図式にそのまま乗らず、本章がさまざまなことを語り落としていることは承知している。しかし、リバタリアニズム論からみたときに大文字の権力こそが最初に注視すべきものであることにおそらく変わりはない。国家が良き統治へと舵を切っても、その大文字が小文字になることはない。これらの異なる方法には別々の基準を作るべきなのか。あるいは、両者を貫く別の新たな基準が要求されるのか。旧来の図式では問題らしきものが素通しになり、適切にすくいあげることができないならば、議論の仕方自体を改定しなければならないかもしれない。それがリバタリアニズムとよばれうるものであるか、その問題関心の射程に収まるのか、さらにはいまだ自由や責任のような語彙の世界に収まるかは不明であるが、ここでは問題を指摘するにとどめよう。

注

★1　ナッジという手法自体はパターナリズムにしか使えないわけではなく、さまざまな目的に利用することができる［那須 2016：19-21］［Kelly 2013：221-225］。

★2　より詳しくは［森村 2001］を参照せよ。

★3　たとえば［Thaler and Sunstein 2008：邦訳 352-355］では、再分配などについて論じているが、コストの議論が多く、道徳的な議論はほとんどない。

★4　もとは那須耕介が、福祉国家の方が最小国家よりも財政的には小さな政府になる可能性があると論じた際の表現。

★5　いつの選好が問題か（ナッジ前／後）は重要な論点だが、ここでは措く。たとえば［Sunstein：2019 Ch.3, 4.］を参照。

★6　［福原 2017：ch.3, 4］も参照せよ。

★7　分類名称については［Sunstein and Reisch 2019：95］［那須 2016：16］［Sunstein and Reisch 2019：134-135］もこの点を認識している。

★8　［Nozick 1974：76-81］参照。また［福原 2017：ch.3.3］。

＊なお、本章はJSPS科研費（18J00197）の助成を受けた成果の一部である。

文献

Berlin, Isaiah, 1969, *Four Essays on Liberty*, O.U.P.［小川晃一、小池銈、福田歓一、生松敬三訳 1971『自由論』みすず書房］

Kelly, Jamie, 2013, "Libertarian paternalism, utilitarianism, and justice", in Christian Coons and Michael Weber (eds.) *Paternalism: Theory and Practice*, C.U.P.

Nozick, Robert, 1974, *Anarchy, State and Utopia*, Basic Books.［嶋津格訳 1992『アナーキー・国家・ユートピア』木鐸社］

OECD 2017, *Behavioural Insights and Public Policy: Lessons from Around the World*, OECD Publishing.

Paris. (http://dx.doi.org/10.1787/9789264270480-en)〔齋藤長行監訳、濱田久美子訳 2018『世界の行動インサイト——公共ナッジが導く政策実践』明石書店〕
Sunstein, Cass, 2019, *On Freedom*, Princeton University Press.
Sunstein, Cass and Reisch, Lucia A., 2019, *Trusting Nudges: Toward A Bill of Rights for Nudging*, Routledge.
Thaler, Richard H. and Sunstein, Cass R., 2008, *Nudge: Improving Decisions About Health, Wealth, and Happiness*, Yale University Press (Revised and Expanded Edition, Penguin Books,2009)〔遠藤真美訳 2009『実践行動経済学——健康、富、幸福への聡明な選択』日経BP社〕
安藤馨 2009「アーキテクチュアと自由」東浩紀、北田暁大編『思想地図ｖｏｌ．３』ＮＨＫブックス
那須耕介 2016「リバタリアン・パターナリズムとその10年」社会システム研究 19：1-35
福原明雄 2010「リバタリアニズムにとってリバタリアン・パターナリズムとは何か」仲正昌樹編『自由と自律』御茶の水書房
福原明雄 2017『リバタリアニズムを問い直す——右派／左派対立の先へ』ナカニシヤ出版
森村進 2001『自由はどこまで可能か——リバタリアニズム入門』講談社現代新書
森村進 2013「サンスティーンとセイラーのリバタリアン・パターナリズム」『リバタリアンはこう考える』信山社

［ナッジ論をナッジしてみたら］

第8章 自律にはナッジで十分か？

パターナリズム論の視角からみたリバタリアン・パターナリズム

瀬戸山晃一

せとやま・こういち　1966年生まれ。京都府立医科大学医学研究科教授。法と医療・生命倫理、研究倫理、法哲学（法理学）。著書に、「遺伝子差別と平等」『法の理論38』所収（共著、成文堂、2020年）、『バイオエシックス～その継承と発展』（共著、川島書店、2018年）、『ドーナツを穴だけ残して食べる方法～越境する学問』（共著、大阪大学出版会、2014年）、『現代社会再考』（共著、水曜社、2013年）ほか。

パターナリズム論には、その概念定義、そしてその是非をめぐる正当化論など、過去半世紀に及ぶ長い歴史がある。ここでは、パターナリズム論の問題意識や射程や議論を振り返り、リバタリアン・パターナリズムが従来のパターナリズム論にいかなる一石を投じ、その射程や正当化論にいかなる影響を与えたかをみる。★1

一九七〇年代のパターナリズム論においては、パターナリズムは個人の自由を制約し自律と相容れないものとみなされていた。しかし八〇年代を境に、パターナリズムはかならずしも自律と対立はせず、むしろ自律を保持するために不可欠なものとしてとらえられるようになる。その後、九〇年代後半から今世紀初頭にかけて認知心理学やその知的洞察にもとづく行動経済学に依拠することでキャス・サンスティーンらは、リバタリアンとパターナリズムという、それまで必然的に相反するとされてきた反パターナリズムという規範的態度の抜本的見直しを主張するナッジ戦略を提唱した。二〇一〇年代になると任意的な判断能力のある意志に反する場合であっても強制的パターナリズムを正当化する議論が提唱されてきている。

本章では以下、リバタリアン・パターナリズムが提起する洞察をパターナリズム論の知的視角からその意義(斬新性)と限界(射程)を考察することで今後のパターナリズム論の方向性についての展望を模索したい。

1 リバタリアン・パターナリズム登場以前のパターナリズム論

従来のパターナリズム論とその射程

法的規制をめぐるパターナリズム論の萌芽は、J・S・ミルの『自由論』[Mill 1859] に遡る。ミルは、刑罰を用いた法的強制や統制が文明社会の成員に正当に行使される根拠は、他者に対する危害の防止のみだとする他者危害防止原理（harm principle）を提唱した。彼はその際、「本人自身の幸福は、物質的なものであれ、精神的なものであれ、十分な正当化理由とはならない」とし、「当人の利益」という目的を法的強制の正当化理由とすべきではないとしている [Mill 1859: 邦訳 224]。

その後、約一世紀を経た一九六〇年代に、法哲学者H・L・A・ハートは、裁判官であり法哲学者のパトリック・デブリンとの論争のなかで[★2]、パターナリズムを、伝統的な公共道徳を守るための法的強制を正当化する「モラリズム」と区別した [Hart 1963; Devlin 1965]。安楽死などに関し、刑法が本人の同意や嘱託を違法性免除の抗弁として認めないのは、安楽死が不道徳だからではなく、個々人を「彼ら自身から保護するため」だからである。ここでハートは、法的モラリズムを批判するいっぽうで、「自己危害を防止」するパターナリズムをリベラリズムからも正当化できるものとして示した[★3]。

一九七〇年代に法的パターナリズム自体を詳細に考察し、本格的な定義づけと正当化論を試みたのは法哲学者のジェラルド・ドゥオーキンである。彼は「その強制を受ける人の福祉、善、幸福、必要、利益または価値ともっぱら関係する理由によって正当化されるようなある人の行為の自由への干渉」とパターナリズムを定義している［Dworkin 1971: 108］。ここでは本人のための他者からの強制＝自由への干渉という要素がパターナリズムの中核的な内容ととらえられていた。★4 他方、哲学者アレン・E・ブキャナンは、一九七八年に患者の精神的なダメージに配慮して不治の病を告知しない、あるいは真実と異なる病名を告げるといった医療における情報不開示や情報操作など、非・強制的なパターナリズムを論じ、強制的でない要素がパターナリズムの定義に加えられている［Buchanan 1978］。

八〇年代パターナリズム論の転換

その後、英米を中心としたパターナリズム論では、パターナリズムの概念定義とその正当化論を峻別したうえで、数あるパターナリズムにもとづく規制や政策のなかでリベラリズムの立場から正当化が可能なパターナリズムとは何であるのかという問題意識から次のようなさまざまな正当化論が提唱されてきた。①自己危害や福利減少の防止、あるいは福利の増進といった介入後の結果に着目した功利主義的帰結主義論（利益衡量説）、②現在の自由を制約することでより大きい将来の自由が獲得できるという自由最大化正当化論［Regan 1974］、③介入時の同意はないが、のちに同意を得られる蓋然性が高い場合の事後同意論［Rosemary 1977］、④合理的な人間であれば同意するであろうという仮説的同意論など「同意」をベースとする正当化アプローチ、⑤判断能力などの任意性が欠如しているときの規制や介入を正当化する柔らかいパターナリズム論［Feinberg 1971］、⑥将来の自己を守るために現在の自己の自由に介入する正当化アプローチである人格の可変性説［Parfit 1984］などである。

　これらの議論には、どのような場合に政府による個人の自由や自己決定への介入や干渉が正当化されるか、個人の自己決定の自由をどこまで認めるかという問題関心が共有されていた。このように初期のパターナリズム論では、パターナリズムと個人の自由＝自律とを対立するものと認識する傾向が強かったのである。

　しかし一九八〇年代以降、自律を基底とするパターナリズム正当化論が主流になる。ジョン・クライニグの**人格的統合説**（Personal Integrity）がその代表的なものである［Kleinig 1983］。クライニグは、個々の自己決定の自由と自律とを分け、短絡的で刹那的な一次的な選好充足が、健康で長生きしたい、といった二次的な選好をそこなう可能性があると指摘する。一次的な選好充足を優先した自己決定が本人の長期的な自律や人格的統合をそこなう場合には、自発性があり任意的な場合であっても本人の意思に反する強制的なパターナリズムが正当化されると主張する。ここでは、パターナリズムは、自己決定（自由）を制約することで自律を補完するものとして位置づけられ、パターナリズムと自律はかならずしも背反しない。クライニグによれば、パターナリズムは旧来の家父長主義をリベラリズムの立場から再概念化し、リベラリズムの伝統においてこそパターナリズムの問題はとらえられるべきとしている。

一九九〇年代になるとジョン・カルトジェンは、父権主義的なパターナリズムをジェンダー中立的に「パレンタリズム（parentalism, 親権主義）」とよぶべきであるとし、思いやりや「ケア」もまた、パターナリズム論の枠内で論じる必要があると主張している［Kultgen 1995］。

パターナリズムとは？——その概念と理念

パターナリズムの概念を理解するには、社会哲学者のジョエル・ファインバーグが定式化した自由の制約を正当化する根拠となっている四原理を考えるとわかりやすい［Feinberg 1984; 1985; 1986］。一つめの原理は、ミルが主張した自己決定や行動が他者になんらかの危害を及ぼす場合のみに法的禁止や規制の正当化を限定する原理である危害防止原理。二つめは、物理的な危害まではなくとも受忍限度を超える不快なものを規制する根拠とされている不快防止原理（offense principle）。三つめは、公共道徳や社会道徳に反する不道徳な行為や行動を禁止するモラリズム（道徳強制主義）の原理。そして四つめに本人自身への危害を防止することを目的とするパターナリズムである。

危害防止原理、不快防止原理、道徳強制主義では、いずれも本人の自己決定、選択・行動の自由の価値と、それが影響を及ぼす本人以外の第三者や社会の利益との対立や調整が問題にされている。それに対してパターナリズムでは、自己決定や行動の自由が、ほかならぬ当該個人である本人自身に対する悪影響となりうることが問題とされているのである。本人自身のためという利他的動機づけがパターナリズムの概念定義には欠かせない。このあなたのためという愛他的動機づけが「パターナリズムの理念」という概念定義に欠かせない核心的要素であり、友愛やケアの倫理や慈善などと知的遺伝子を共有するものといえる。

医療におけるパターナリズム——インフォームドコンセントとパターナリズム

パターナリズムが主たる根拠となっている法規制や制度は多くみられる。シートベルトの強制、クーリングオフ制度、宗教上の理由による輸血拒否、皆保険制度や年金制度などの社会保障、他人に危害を及ぼさない薬物の使用禁止、危険スポーツの禁止、非行防止のための校則、未成年者の飲酒等の禁止、ギャンブルの禁止、金利制限、労働法規制、青少年保護条例や少年法、行政規制などがこれまでパターナリズムとして論じられてきた。

七〇年代以降の英米や日本では、バイオエシックスや医療倫理といったあらたな領域においても、パターナリズムが頻繁に論じられている。そこでも、パターナリズムは自己決定を制限するものとして否定的にみられることが多かった。医療における治療方針等を医師のみが専門的な知識にもとづいて決定し、患者の自己決定や意思を確認しない医療現場の専断的治療などが、パターナリスティックだと批判されたのだ。そして、古き悪しき医療慣行であるパターナリズムから、患者の自己決定権を尊重するインフォームドコンセント（説明と同意）へと、医療倫理などで標語的に主張されることが多くみられるようになる。

しかし、「パターナリズム対インフォームドコンセント」「告知を控える＝パターナリズム」という認識は一面的すぎる。八〇年代以降には、本人自身のために自己決定を強要する「パターナリズムとしての自己決定（情報の強制的開示）」といった発想から、両概念の関係をとらえなおす視座が生まれる。この点に関してたとえば、C・E・シュナイダーは、自律尊重的な立場を許容的自律権論者（permissive autonomist）と義務論的自律権論者（mandatory autonomist）の二つに区別した。前者はインフォームドコンセントを患者の権利としてのみとらえ、義務とはみなさない。自己決定を拒否したり、医師に決定を一任して決定を放棄したりする自己決定の権利を認めることになる。他方後者は、インフォームドコンセントによる患者の自己決定は患者自身が望まなくても患者のためによいと考え、自己決定の拒絶や医師への一任を認めない。この場合、前者は後者に対し、望まない者に対しても自己決定をパターナリスティックに押しつけている、という批判を加えることが可能になる。

2 リバタリアン・パターナリズムの登場

行動経済学と反・反パターナリズム論

一九九〇年代後半にサンスティーンたちは、認知心理学の知的洞察を取り入れた行動経済学の知見を利用して「反・反パターナリズム」論を主張しはじめる［Sunstein 1997; Jolls, Christine, Sunstein & Thaler 1998］。それによると、標準的な経済学理論を法の分析に取り入れた「法と経済学」研究は、あらゆる場面で安定した選好にもとづきみずからの効用を最大化しようとする「合理的」人間行動モデル（ホモ・エコノミクス）を前提に、その法的含意を決定しようとしてきた。しかしこの前提では、合理的判断がなんらかの理由で阻害され、人が自己利益をそこなう決定や行動をとる可能性はあらかじめ排除されてしまう。そのため「法と経済学」にはパターナリズムを論じる理論的余地がなく、規範的にも反パターナリズム的な態度がとられてきた。

　それに対し、サンスティーンらはこの標準的な経済学の前提自体を疑うべきだと主張し、行動経済学の知的洞察を法政策に導入する行動主義的「法と経済学」を提唱した。さまざまな認知バイアスや意志力の弱さから、現実の人間の判断・選択・行動は、伝統的な経済学が想定する合理性からシステマティックに乖離（逸脱）する。このような標準的な「法と経済学」が想定する合理的な自己利益追求者としての経済人モデルからの一定のシステマティックな乖離が実証研究や経験上多く観察されるという知見を真剣に受け止めるならば、「法と経済学」の合理的人間像は再考を迫られ、あわせて「反パターナリズム」という規範的態度も全面的な再検討が必要だと彼らは主張する。政府などの規制当局もさまざまなバイアスなどから自由ではないとの認識から、「反・反パターナリズム」という表現を用いていることである。これらの行動経済学の知的洞察と法政策に対する含意が、八〇年代の「個人の自律を補うための干渉」というパターナリズム論の転換から、さらにあらたな展開を生むことになる。

リバタリアン・パターナリズムの誕生

リバタリアン・パターナリズム論が想定する人間像は、行動経済学の知的洞察である「限定された合理性」と誘惑に屈するなどの「限定された意志力」と時に客観的な自己利益を犠牲にして公正を追求したり利他的にふるまうなどの「限定された自己利益」しかもちえない「生きた人間（ヒューマン）」である。「ヒューマン」は、種々の傾向性やバイアスを抱えたまま、みずからが行うあらゆる選択について深く考える余裕のない複雑な世界に対処しようとする多忙な人間像である。

リバタリアン・パターナリズムは、このヒューマンに対してパターナリスティックにナッジするが、それが余計なお世話で、どうしてもいやだという者には離脱（オプトアウト）の選択肢を残している。一律なパターナリズムの強要を回避することで、リベラルな態度を維持しようとする戦略である。当人の意に反して自由を制限することなく、人びとの厚生を増進させる効果を期待する点が、ナッジによるパターナリズムの一つの魅力だろう。またこの離脱の自由の保障は、規制主体が誤った場合の安全装置（セイフティ・ネット）でもある。政府の過ちに対する自浄装置を組み込んでおく点もまた、従来のパターナリズム論にはない斬新性があるといえる。

サンスティーンとセイラーは、『実践行動経済学』において、リバタリアン・パターナリズムの立場を「『自由放任』でも『押しつけ』でもなく」と表現している。彼らは、米国のリベラル派

（民主党）と保守派（共和党）の政治対立を超えて、両陣営から支持されるあらたな第三の道として、リバタリアン・パターナリズム論を提唱している。リバタリアン・パターナリズムは、「共和、民主両党の協調路線を実現する礎になると期待される。……環境保護や家族法など、様々な領域で統治能力を高めるには、政府による強制や制約を減らし、選択の自由を増やす必要がある……。インセンティブとナッジが要求と禁止にとって代われば、政府は小さくなると同時に、より穏当になるだろう」。「我々はより大きな政府を求めているのではない。より良い統治（better governance）を求めているだけである」としている［Sunstein & Thaler 2008：邦訳 30］。

従来のパターナリズム論で論じられてきた個人の自由への干渉や規制の事例からリバタリアン・パターナリズムは、公共政策や日常的なさまざまなデフォルトのアレンジメントや制度のアーキテクチャまで、その議論の射程を大きく広げることになる。

ナッジと似非パターナリズム

リバタリアン・パターナリズムのオプトアウト戦略の実効性を評価するには、離脱の自由を認め加入を任意にした結果、その制度自体を維持できるかを検証する必要があろう。国民年金制度などのシステムは、離脱者が一定数以上になり、加入者が減っていくと、積立て金額を上げるか、受給額を減少せざるをえなくなり、その結果魅力を感じなくなった者が次々と離脱していく可能性がある。そのような領域では、離脱の自由を認めるリバタリアン・パターナリズムの戦略では制度自体が崩壊し目的を達成できなくなるのではないだろうか。かりに日本で国民皆保険制度や国民年金制度を任意加入に変更したとしたらどうなるだろうか。

一定期間の強制は制度をデフォルトとして定着させる作用があり、また行動経済学がいういわゆる現状維持バイアスやサンクコスト（埋没費用）作用による現状維持傾向をうまく活用することで、非強制的な任意加入に途中から切り替えるのであれば制度は維持できるかもしれない。このように、一定期間の強制加入をデフォルトにして離脱しにくい状況を創設したうえで、任意に脱退自由にするという方法も一つの処方箋としてありうるのではないか。トム・ギンズバーグ、ジョナサン・マシュー、リチャード・マッカアダムらは、レストランやさまざまな公共の場所での期限つきの一時的な禁煙規制をナッジの例として論じている［Ginsburg, Masur & McAdams 2014］。

また、サンスティーンの議論には、臓器提供者を増やすために、署名したドナーカードを携帯する明示的意思表示を要件とすることから、臓器提供の拒否を表明していないかぎり提供に異議ないものとする推定的意思表示を認めるオプトアウト方式の採用を提唱しているように、当人以外の個人または社会全体の幸福増進をめざす意図がしばしば感じられる。被介入者個人の利益を問題にするパターナリズムに、公共負担論や公共の福祉の向上などの公共的考慮が混入（ブレンド）しているようにも思われる。サンスティーンは、臓器ドナーの推定的同意方式は、ほかの人の命を救う善意を有する潜在的なドナーの希望にも沿うことになると主張しているが、そこに、「あなたのためにもなる」という善意のお仕着せのパターナリスティックな側面を感じとる読者も少なくないのではないか。

『パターナリズム――その理論と実践』（二〇一三年）に寄稿しているジェミー・ケリーの論文「リバタリアン・パターナリズム、功利主義、正義」によると、リバタリアン・パターナリズムが挙げるナッジの例には、本人のためというパターナリズム以外の公益や正義、社会的公平性といった公共的な目的が同時に混入（ブレンド）されることがある。また経営者の営業利益といった個人的・組織的な利害関心が（ナッジされる人を欺くかたちで）混入することもありうる点を指摘している［Kelly 2013］。ナッジには、パターナリズムと称してかならずしも本人のためとは異なる目的のためにその人を誘導する似非パターナリズムが背後に潜んでいる危険性があるという警鐘である。

サンスティーンらが依拠する行動経済学の洞察や主張が正しければ正しいほど、人びとは現状のルール設定というデフォルトに影響されたり、警告や選択肢の提示の仕方で、選好がフレーミングされていったりするはずだ。そうすると人びとを無意識のレベルで規制当局がよき市民と考える美徳を備えた存在へと、ほんとうにそれがよきものなのかについて批判的な議論がなされないままに「調教」されていってしまう危険性があるといえないか。可視化されやすい強制的な干渉やネガティブなサンクションであれば、我々はこれを自覚できる。しかしナッジのように知らず知らずのうちに誘導されていくとなると、これに抵抗し異議申立てをすることが難しくなる。

3 強制的パターナリズム論

ナッジでは十分ではない！

リバタリアン・パターナリズムは、政府が実現するパターナリズムの手段と範囲を謙抑的に限定することで、リバタリアンからの批判を免れ、多くの人びとに受け容れられるパターナリズムによる政策を企てようとする。しかし、行動経済学の洞察が現実の人間行動の理解として正しいのならば、パターナリズムの手段や範囲をナッジに限定すべきでないかもしれない。認知バイアスや判断エラーゆえの修復不可能な自己危害的行動、長期的な目的達成や人格的統合をそこなう判断を防ぐには、強制的なパターナリズムを採用すべきかもしれない。行動経済学の知見に依拠して強制的パターナリズムの必要性を主張するものとして、哲学者サラ・コンリーの『自律への対抗――強制的パターナリズムの正当化』の議論をみておきたい［Conly 2013］。これはいわば、サンスティーンが依拠した概念装置を借りて、サンスティーンが避けようとしたパターナリズム論の領域に踏み出そうとする試みである。

強制的パターナリズムはなぜ必要か？

コンリーは、多くの人が肥満となり健康を害し早死したり、返済不能な借金に悩まされたり、老後の不十分な蓄えについて苦しんでいる現代の米国の状況をみると、そこからの救済手段として、強制的なパターナリスティックな法規制や禁止が必要だとしている。その場合、非強制的なナッジでは不十分であり、また正当化されるパターナリズムの範囲を、任意的な判断が阻害されている人への情報提供や説得だけに限定するべきではない。なぜならば、人びとは、短期的な快楽を追及することで長期的な目的を不可逆的にそこなう場合があるし、目的達成手段の選択を誤る場合が少なくないからだ。そして、本人の利益が規制のコストや本人が選択肢を失うことで被る負担を凌駕する場合には、パターナリスティックな強制が正当化され、むしろ政策として求められるべきであるとする。コンリーの議論は、行動経済学の知見に補強された帰結主義的パターナリズムの正当化論と位置づけることができる。

パターナリズムの例としてあげられるのは、利息制限、薬の処方箋、シートベルトやヘルメットの着用義務づけ、不凍剤液をスポーツ飲料とまちがえて飲もうとしている人の制止、レストランでの一定のトランス脂肪酸使用禁止や、肥満防止のための飲食販売に関するさまざまな法規制などである。コンリーによれば、ソフト・パターナリズムとハード・パターナリズムとのあいだに明確な線引きはないと主張する。喫煙者を減らすために高額の税金を課して喫煙へのインセンティブをなくす場合と、喫煙を法で禁止する場合とで、前者は自律尊重的で後者は自律軽視的だとするのは説得的でないとしている。

強制的パターナリズムがなじまない領域

コンリーは、どんな活動でも費用便益計算のうえでの強制パターナリズムが正当化されると主張しているわけではない。パターナリスティックな干渉がなじまない領域があるとしている。コンリーはその例として結婚や職業の選択をあげる。結婚する者のだれもが離婚の結末を望んでいないけれど、米国ではその約半数は離婚する。それでも少なくとも西洋文化においては、自由恋愛による結婚は、苦い失敗の結末よりも重要な価値とされる。一見不釣合いの夫婦でも幸せに長続きすることもあるし、理想的なカップルが破綻することも少なくない。結婚を決断したときから時間が経つにしたがって、健康状態や性格、子どものこと、経済的なこと、仕事のことなど多くの要因が変わり、それがたがいの関係に影響を与えるが、そのほとんどは予測不可能だからだとしている。同様に、世界的に有名な作家やダンサーがデビュー当時専門家から評価されなかったという例が示しているように、キャリアの才能も正確な判断が難しい。見合い結婚や専門家の才能評価による職業選択は、その成否がさまざまな要因によって左右される以上、パターナリズムでの強制にはなじまないとしている。

強制的パターナリズムと自律

コンリーは、ミルの議論を、それぞれの選択に任せていれば人が幸せを追求できると過度に信じていると批判する。近年の心理学の知見を考慮すれば、現実の人間は自身の状況をみずから悪くする傾向がある。アリストテレスが指摘するように、他人の力を借りてよい決断をするうちに自分でもよりよい決断を下せるようになるのと同様、パターナリスティックな法の手助けで、人はより賢明な選択ができるようになる。パターナリズムはかならずしも批判能力を奪い幼稚化を招くわけではないとしている。

コンリーの認識によると、パターナリズムが自律をないがしろにしているという見解はまちがいである。学習障害という概念が認知されると、勉強ができず読み書きに時間がかかることも、当人の責任ではなく他者が支援すべき問題としてとらえなおされるようになった。それと同様、認知心理学が教えるとおり、多くの判断ミスや失敗が人間一般の性向によるものならば、それに対するパターナリスティックな支援は義務だといえる。また、我々はだれでも失敗を犯すという謙虚な認識は、人びとを自身から救済するためのパターナリズムを正当化できることになる。自律という概念は、少なくとも個人の自律的な選択に委ねることで失われる重要な価値に比肩するほどには重要といえないとしている。

実際、人の判断能力の限界を正確に見積もり、最終目的を達成し、実りある生が送れるように支援することは自律の尊重につながる。したがって、強制的なパターナリズムによって人びとの選択肢を狭めたとしても、かならずしも自律の尊重に反しはしないのである。

強制的パターナリズムが正当化されるとき

コンリーは、強制的なパターナリズムが適切となる条件を四つあげている［Conly 2013: 150-152］。

① 個々人の長期的な目的に反する行為に介入し、長期的な目的に資する蓋然性が高い場合。その目的は、当該個人にとっての現実の価値であって、他者からみて本人が有するべきものではない。
② 実効性があり効果的である場合（たとえば禁酒は実効性がなく、正当化されない）。
③ 強制によって得られる物質的心理的な利益が、規制コストよりも大きい場合。
④ 強制的パターナリズムにもとづく規制が、その目的達成のための最も適切な手段・方法である場合。教育や説得などのソフトなパターナリズムよりも効果的であれば、強制的パターナリズムを発動するべきである。

サンスティーンの反応

サンスティーンは、『ニューヨーク・レビュー・ブック』にコンリーの著作への書評「It's For Your Own Good!（それはあなたのため！）」を寄せている［Sunstein 2013a］。彼はこの本を、近年の行動主義的な洞察がミルの危害原理を修正しパターナリズムへの道を開く可能性を真剣かつ哲学的に検討したものだと高く評価している。自律という価値は自律的な選択に任せることで失われる価値を凌駕するものではない、という認識には強い共感を示す。

他方で彼は、コンリーの議論に次のような疑問を提起している。コンリーは、選択の自由の重要性を低く見積もっている。ある者は将来をたいへん気にするが、年齢や経済的状況などに応じて、今日や明日により重要な価値を見出す人もいる。我々は、意志が弱いわけでも長期的目的をないがしろにするのでもなく、生を意味あるものにするために、短期間の目的の実現のほうを重要視する場合もある点を指摘する。長期的な目的は、コンリーが当然視している長生きや健康などだけではない。手段に照準をおくパターナリストは、人びとの目的を誤解する場合がある。また、選択の自由は政府のまちがいに対する重要な防波堤になる。タバコやお酒の製造販売は、たしかに公衆衛生に深刻な問題を引き起こしているが、その禁止は闇市場を生み、実効性の観点でも疑問が残る点を指摘している。

4　強制的パターナリズムとパターナリズム規制のアーキテクチャ

帰結主義アプローチと自律と手段

コンリーは、認知心理学やそれを応用した行動経済学の実証的な知見を根拠とし、人びとはみずから利益を不可逆的にそこなう決定をしてしまったり、目的を達成するために正しい選択肢（手段）を選ばず、そのため、本人の利益をそこなったりする場合が少なからずあるとしている。そして、強制的なパターナリズムの必要不可欠性を大胆かつ積極的に主張している。これは、帰結主義の立場から行動経済学の認知バイアスなどの洞察や知見を現実の法政策のあり方に適用する規範的な議論といえる。

この帰結主義的な観点からは、情報を与えたり説得したりするソフトなパターナリズムでは、深刻で不可逆的な自己危害防止や健康などの長期的な利益を保護するために役立たず十分とはいえないと彼女は考えている。したがって、現在の本人の選択を認める自由や自律を絶対視することはできないと主張する。ただし、パターナリスティックな介入のコストがそれによってもたらされる利益を上回る場合には、正当化できないと主張している点が帰結主義的である。そしてこれは、原理的に決定されるべきではなく、経験的に検証されなければならない問題であるとしている［Conly 2013: 102］。

ここで留意しなければならないことは、利益衡量されるものの内容であろう。本人の利益と彼女が考えているのは、伝統的なパターナリズム正当化における将来の同意論や本人の目的から乖離した社会的に望ましい善や介入者側が考える本人の利益（望ましい目的）ではない。本人自身が考えているみずからの利益を基準に利益衡量するべきであるとしている。また、パターナリズム的な規制によりみずからのコントロールが奪われることに対する心理的な不快感も本人の便益費用（コスト・ベネフィット）の利益衡量の秤に載せる要因に含めている点も興味深い。

このように、コンリーの議論は、帰結主義的正当化アプローチとして位置づけることができる。

つまりその個人自身にとっての長期的な目的の保護あるいは利益の促進にあるとすれば、八〇年代の自律基底的なリベラリズムの立場からの任意的な状況下での強制的なパターナリズム正当化論を唱えたクライニグの人格的統合説の問題意識と、「帰結主義」という点をのぞけば、大きく離れてはいない。自律自体の価値をないがしろにしているわけではないが、自律自体の本質的な価値を絶対視し、それにすべてに対する優越的地位を与えることには懐疑的で、自己決定や選択の自由に任せることが、結果的に本人の長期的な自律や目的を阻害する蓋然性が高い場合には、強制的なパターナリズムを発動するべきであると主張するのである。

また健康や持続的な自律性といったおよそすべての人にとってほかの目的を実現する手段として欠かすことのできない基本財的な価値の保護や維持のためのパターナリズム的禁止を主張しているようにも思われる。そうだとすると肥満防止などの健康維持や促進などのパターナリズムの目的においては、リバタリアン・パターナリズムと変わることはない。決定的に異なるのは、その目的を達成するためのパターナリズムの手段と方法にある。

正当化されるパターナリズムの範囲

コンリーの議論が、同じように行動経済学の洞察から強い示唆と影響を受け、それを根拠にしていても、サンスティーンらと異なるのは、正当化されるパターナリズムの手段や範囲である。サンスティーンらのリバタリアン・パターナリズムでは、「選択の自由」は譲れず、パターナリスティックに構築されたデフォルトのアレンジ（制度設計）を拒絶したり離脱したりする選択の自由を残す「ナッジ」に、政府が正当に行使できるパターナリズムの範囲を限定する。その背景には、規制主体側もさまざまなバイアスに侵されている可能性や判断を誤る危険性を認識し、最後のセイフティネットを用意しておく必要性を重視しているためである。たしかに、サンスティーンが指摘しているように、この政府や介入側がまちがってしまう懸念や個人の真の目的をまちがってとらえる危険性と他者の価値観の押しつけなどに対してコンリーは、さほどセンシティブでないということもできる。しかし、コンリーが強制的なパターナリズムを主張するのは、ナッジなどに限定されるリバタリアン・パターナリズムでは、その保護する目的を達成する手段（政策）として限界があり十分ではないと考えている点である。

ハードとソフトなパターナリズムを区別する境界線は曖昧で確定できない。コンリーは、禁止や強要を求める法的介入であるハードなパターナリズムと、たんに望ましい選択をさせるようにインセンティブを与えたり勧めたりするにとどまるソフトなパターナリズムの境界は明確に画定できないとする。たとえば、パターナリスティックなアレンジメント（初期設定を利用者にとって最も望ましいとされるオプションやプランにしておく）ことからほかの選択肢に変更（離脱・オプトアウト）する選択の余地を残していても、それに多くの時間や、煩雑な手続きや経済的なコスト（たとえば解約料金）などを課すことになれば、事実上、強制したのと同じ意味合いになる。また、タバコにきわめて高い税金を賦課することも事実上買い手がほとんどいなくなる。このようにコンリーが強制的なパターナリズムを主張する根拠には、現実問題として正当化されるソフトなパターナリズムを確定できないという認識にもとづいているといえる。

パターナリズムのアーキテクチャ

リバタリアン・パターナリズムが主張するナッジでもなく、コンリーの主張する強制的パターナリズムでもなく、その中間的なアプローチを模索する余地はないであろうか。バイアス矯正のためにカウンセリングや教育的研修などの受講を義務づけたりする「**バイアス矯正としてのパターナリズム**」も現実にはいろいろな制度にすでに導入されている場合が少なくない。またパターナリスティックなデフォルトのアーキテクチャからの離脱をサンスティーンの主張するワンクリックで容易に可能にするのではなく、意図的に一定の時間的手続き的コストを設定し制約するようにさせる制度設計もありえよう。また、禁止に対して違反したものに刑罰や行政処分などの否定的なサンクションを科すのではなく、人びとにインセンティブを与える褒賞制度の導入や税免除などの優遇処置などによって、人びとがみずからの将来や長期的な目的にとってよりよい方向につながる決断や行動を促すようにパターナリスティックに導いたり支援したりする方策も考えることができる。さらにはまた、時限立法的に一定期間パターナリズムを強制するが、のちにそれを解禁する法政策を処方することで、行動経済学の洞察が示す人びとの有する**現状維持バイアスやリフレーミング効果**や**経路依存性向**や**粘着性向**をうまく活用し、人びとの選好自体を本人にとってよい方向に誘導したりするアーキテクチャも考えられる。

リベラルな立場からは、できるだけ個人の選択に任せ、非強制的なパターナリズムで本人自身の利益を保護したり促進したりするという目的が十分期待できる場合には、サンスティーンが主張するナッジ戦略にとどめ、あるいは現状の強制的な規制から、そのような戦略にシフトさせることがアーキテクチャとして望ましいといえる。それが手段として有効ではなく、目的の達成が無理な場合には、矯正的なパターナリズムの諸政策のアーキテクチャを考える。それでも効を奏さず直接的に生命にかかわるような事態に関し明白かつ現実的危機にあるような事例では、強制的なパターナリズムの発動に限定的に頼るといった、法規制や制度のアーキテクチャの段階的選択の棲み分けをするアプローチも可能なのではないか。どのような事例の場合に、ナッジ戦略でとどめ、どのような事例では、離脱コスト賦課やインセンティブ付与などによる矯正的パターナリズムで規制するのか。それでは不十分で強制的なパターナリズムで一律に規制をかける必要な状況や事例はどのような場合であるのか、といった規範と実証を架橋するような検討が必要に思われる。このような点についてのオープンな議論と吟味がなされないまま、経験主義にもとづいた実証理論である行動経済学を現実の諸政策に応用しパターナリスティックな諸政策の提言や導入を主張する規範理論に容易にシフトさせることは問題であると考える。サンスティーンとコンリーのそれぞれの主張をめぐる議論は、実証理論と規範理論を架橋するのに欠かせない論点をいくつも浮き彫りにしており、その意味でも、両者のどちらの主張に賛同するか否かは別としても、詳細な検討を行う意義と必要性があるという知的教訓を得ることができるのではなかろうか。

5 パターナリズム論の今後の展望：リバタリアン・パターナリズムを超えて

本章では、約半世紀にわたるパターナリズム論の問題意識と正当化の議論の変遷をかなり駆け足で振り返ってみた。一九七〇年代の自由や同意をベースとした正当化論、八〇年代の自律の達成や補完をベースとするリベラリズムからの正当化論、そして九〇年代後半の現実の人間の認知バイアスをもつ人間像にもとづく行動経済学の知的洞察の法への移植によりパターナリズム論は大きな転換がみられた。伝統的な法の経済分析の規範的な態度であった反パターナリズムという規範的態度を批判する「反・反パターナリズム」論、そして今世紀初頭からのリバタリアンからパターナリズムを正当化しようとするナッジ戦略をとるリバタリアン・パターナリズムというパターナリズム論の新たな展開、そして同じく行動経済学の知的洗礼を受けたコンリーによる強制的パターナリズムの正当化論という、リバタリアン・パターナリズムと対極にある二〇一三年以降の議論についてみてきた。

以上のようなパターナリズム論の視点からリバタリアン・パターナリズムをみることで、サンスティーンとコンリーの立場の違いは次のように整理できるだろう。リバタリアン・パターナリズムの提唱するナッジという処方箋は、個々人の厳格な合理性からの逸脱を起こすバイアスという免疫を抑制する穏健なテーラーメード的規制を可能にするだけでなく、離脱の自由を残す仕掛けによって、規制を行う政府自身のバイアスがもたらす判断ミスという副作用をも抑制できる。他方、近年のコンリーの強制的パターナリズム論によると、この処方箋には人びとの健康を守る戦略として十分な効果が期待できない。彼女の議論は、ナッジ戦略の限界を映し出す一つの鏡の役割を果たしていると捉えることができる。

以上の考察によって我々は、リバタリアンや法と経済学の観点からリバタリアン・パターナリズムの許容可能性を問う理論的論争だけにとらわれるのではなく、社会改革や公正などの社会的正義の追求といった実践的な観点から、ナッジ戦略によるリバタリアン・パターナリズムの可能性をより広く検証できるようになるのではなかろうか。実際のところサンスティーンは、「行動経済学とパターナリズム」と題された講演で、[★5]議論をリバタリアン・パターナリズムに限定せず、行動経済学の洞察に基づく「ヒューマン」の可謬性とパターナリズム一般との関係を広く論じている[Sunstein 2013b: 1852-1866]。サンスティーンの議論には、社会をよりよき方向に変革するツールとして法をとらえる、社会工学的・リアリズム的伝統を共有した知的態度が強くあるように感じられる。

今後我々が、リバタリアンにとって許容可能なパターナリズムとは何か、といった旧来の論争の射程から抜け出し、パターナリズム論の観点からより広く実践的な考察に踏み出していくには、離脱の自由にどれだけのコストや制約をかけることが望ましいのか、という視角から公共政策のあり方を模索していくことが、一つの議論の可能性を開いてくれるのではなかろうか。

リバタリアン・パターナリズムをめぐる論争は、離脱の自由の余地を残しておく非強制的なナッジという方法によって、従来の強制的なパターナリズムと同様の目的の達成を実現しようと企てている。これに対して、コンリーの強制的パターナリズム論は、サンスティーンの企ての限界を主張する。これらの論争はパターナリズム論にたんにリバタリアン・パターナリズムという正当化論を一つ追記するにとどまらず、その発想や知的基盤はリバタリアンをめぐる議論を超えて、従来の自律をベースとしたリベラリズムの問題意識にもとづくパターナリズム一般の法規制や公共政策の是非を再検討する知的視座を提供しており、パターナリズムに基づく規制の是非をめぐる議論のより広い知的視野からの深化をナッジさせるアジュバントとして機能しているといえる。

★注

★1　本章は、基本的に書き下ろしであるが、前半の一部は編集の方針と紙幅制限から細かく注をつけることを割愛するが、過去に発表した筆者による次の諸論考に内容の多くを依拠している。拙稿「現代法におけるパターナリズムの概念——その現代的変遷と法理論的含意——」『阪大法学』第四七巻第二号、三九七—四二五頁（一九九七）、拙稿「法的パターナリズムと人間の合理性——行動心理学的「法と経済学」の反・反パターナリズム論（一）（二完）」『阪大法学』第五一巻第三号、五八九—六一三頁、四号、七五三—七七五頁（二〇〇一）、拙稿「自己決定の合理性と人間の選好——Behavioral Law & Economicsの知的洞察と法的パターナリズム」日本法哲学会編『宗教と法——生と俗の比較法文化（法哲学年報二〇〇二）』（有斐閣、二〇〇三）、学会発表論文「法の経済分析におけるパターナリズム的規制の位置——Behavioral Law and Economicsの洞察とパターナリスティックな法介入の経済的効率性」（法と経済学会二〇〇四年度全国大会研究発表論文梗概集〈http://www.jlea.jp/04kougai.pdf〉（二〇〇四）、学会発表論文「Behavioral Law and Economicsの理論的可能性——方法論の実行可能性と受容可能性—」法と経済学会二〇〇五年度全国大会研究発表論文梗概集〈http://www.jlea.jp/05kougai.pdf〉、拙稿「法的パターナリズムと選好——パターナリティックな法介入の効率性——」『阪大法学』第五四巻第四号（二〇〇四）、インタビュー特集「「人間の合理性とパターナリズム」『談』No.八三特集「パターナリズムと公共性」一〇一三五頁（たばこ総合研究センター、二〇〇九）、拙稿「法的パターナリズム論の新展開（一）——リバタリアン・パターナリズム論の含意と法規制」『阪大法学』第六〇巻第四号八九一一〇八頁（二〇一〇）、「法的パターナリズム論の新展開（二完）——非強制的リバタリアン・パターナリズム論の含意と法規制」『阪大法学』第六四巻第二号、七三一九七頁（二〇一四）、拙稿「法政策について考える——法規制とリバタリアン・パターナリズム」『現代社会再考——これからを生きるための23の視座』八二一九六頁（水曜社所収、二〇一三）、拙稿「法の穴と法規制のパラドックス——自由を損なう行動や自己決定＝自由をどれだけ法で規制するべきなのか?」『ドーナツを穴だけ残して食べる方法——越境する学問：穴からのぞく大学講義』二三五一二五五頁（大阪大学出版会、二〇一四）。

★2　この論争は売春と同性愛の法的規制に関するウルフェンドン・レポートの是非をめぐって行われた［Report of the Committee on Homosexual Offences and Prostitution 1957］。

★3　この点が、パターナリズムがミルの危害原理を修正・補完する原理としてとらえられているゆえんである。

★4　一九七〇年代の英米のパターナリズム論については、中村直美の一連の紹介と考察がある。［中村 2007］参照。

★5　この講演［Sunstein 2013b］は、書籍として出版されている［Sunstein 2014a］。また関連した議論として［Sunstein 2014b］［Galle 2014］［Willis 2013］［Ginsburg, Masur, McAdams 2014］もあわせて参照されたい。

文献

Buchanan, A. E., 1978, "Medical paternalism", *Philosophy and Public Affairs* 7 (4) : 370-390.

Conly, Sarah, 2013, *Against Autonomy: Justifying Coercive Paternalism*, Cambridge University Press

(PAPERBACK EDITION 2014).
Devlin, Patrick, 1965, *The Enforcement of Morals*, Oxford University Press.
Dworkin, Gerald, 1971, "Paternalism", in Wasserstrom, Richard A.ed., *Morality and The Law*, Wadsworth Publishing Company, p. 108.
Feinberg, Joel, 1971, "Legal Paternalism", *Canadian Journal of Philosophy*, vol.1, reprinted in Sartorius, ed. 1983, Paternalism, University of Minnesota Press.
Feinberg, Joel, 1984, *The Moral Limits of the Criminal Law: Harm to Others*, Oxford University Press; 1985, *Offense to Others*, Oxford University Press; 1986, *Harm to Self*, Oxford University Press.
Galle, Brian, 2014, "Tax, Command ... or Nudge?: Evaluating the New Regulation", *Texas Law Review* 92: 837.
Ginsburg, Tom, Masur, Jonathan S., McAdams, Richard H., 2014, "Libertarian Paternalism, Path Dependence, and Temporary Law", *University of Chicago Law Review* 81: 291-359.
Hart, H. L. A., 1963, *Law, Liberty and Morality*, Stanford University Press.
Jolls, Christine, Cass R. Sunstein, and Richard Thaler, 1998, "A Behavioral Approach to Law and Economics", *Stanford Law Review*, 50: 471.
Kelly, Jamie, 2013, "Libertarian Paternalism, Utilitarianism, and Justice", in C. Coons and M. Weber, *Paternalism: Theory and Practice,* Cambridge University Press,.
Kleinig, John, 1983, *Paternalism, Manchester* University Press, Oxford Road.
Kultgen, John, 1995, *Autonomy and Intervention: Parentalism in the Caring Life*, Oxford University Press.
Mill, J.S. 1859, *On Liberty*, p. 13. [早坂忠訳 1979『自由論』中央公論社]
Parfit, Derek, 1984, *Reasons and Persons*, Oxford University Press.
Regan, Donald H., 1974, "Justifications for Paternalism", in *The Limits of Law*, (NOMOS XV.), New York University Press.

Rosemary, Carter, 1977, "Justifying Paternalism", *Canadian Journal of Philosophy*, vol. 7, No. 1.

Sunstein, Cass R., 1997, "Behavioral Analysis of Law", *University of Chicago Law Review*, 64: 1175.

Sunstein, Cass R., 2013a, "It's For Your Own Good!", *The New York Review of Books*, March 7. (https://www.nybooks.com/articles/2013/03/07/its-your-own-good/)

Sunstein, Cass R., 2013b, *The Storrs Lectures: Behavioral Economics and Paternalism*, 122 Yale Law Journal, pp. 1826-1899. http://www.yalelawjournal.org/pdf/1164_j5m12m5y.pdf.

Sunstein, Cass R., 2014a, *Why Nudge?: Politics of Libertarian Paternalism*, Yale University Press.

Sunstein, Cass R., 2014b, "Nudges vs. Shoves", *Harvard Law Review Forum*, 127: 210

Thaler, Richard H. and Sunstein, Cass R., 2008, *Nudge: Improving Decisions About Health, Wealth, and Happiness*, Yale University Press (Revised and Expanded Edition, Penguin Books,2009) [遠藤真美訳 2009『実践行動経済学――健康、富、幸福への聡明な選択』日経BP社]

Willis, Lauren E., 2013, "When Nudges Fail: Slippery Defaults", *University of Chicago Law Review* 80: 1155.

中村直美 2007『パターナリズムの研究』熊本大学法学会叢書 8、成文堂

もっと知りたい人のためのブックガイド

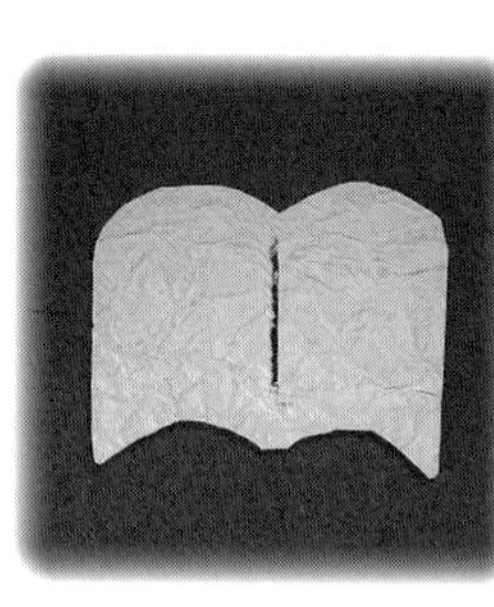

ナッジ研究は、基礎理論の探究から具体的な企ての紹介まで、近年わずかなあいだにみるみる拡大してきた。

ここでは、本文中では扱いきれなかったものも含め、おもだった邦語文献を集めてみた。また、そこで紹介されている興味深いナッジ（と解釈できるもの）を「本書のナイス・ナッジ」としてくくり出した（☆印）。今日の議論の広さと深さをうかがう手がかりにしてほしい。

選書・文／那須耕介、橋本努

［ブックガイド①］
サンスティーン編

ナッジ論を軸にサンスティーンの膨大な著作を見渡すと、一方には情報化社会を前提にしたリベラルな国家の規範構想が、他方には多様な規制手法を駆使した国家運営の方法論が見えてくる。

『熟議が壊れるとき：民主政と憲法解釈の統治理論』

サンスティーン自選の統治理論集。「熟議」をキーワードにした米国憲法解読の企てからその熟議が抱える病弊（カスケードや集団極化）の分析を経て、民主的熟議の可能性を狭めずに活性化する司法機関の役割の構想に至る。ここにナッジの話は出てこないが、彼自身のナッジ論を牽引する規範的関心のエッセンスが詰まっている。どんな選択肢も絶対視することなく、状況ごとにその最適なミックスを探求することを推奨する、彼特有の変幻自在のバランス感覚がよく現れている。

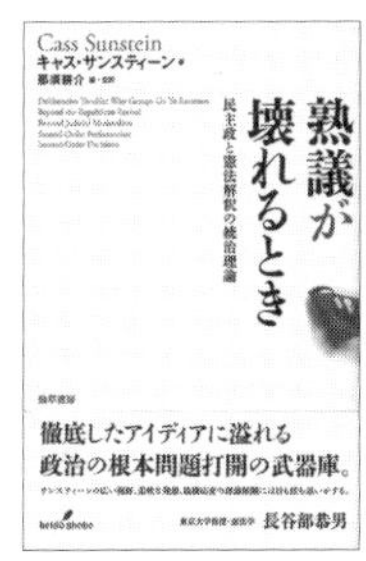

キャス・サンスティーン
那須耕介編・監訳
勁草書房
2012年

『#リパブリック：インターネットは民主主義になにをもたらすのか』

これまで版を重ねてきた『インターネットは民主主義の敵か?』（*Republic.com*）の最新改訂版。「自由」なはずのインターネット上のコミュニケーションが極端な偏見や社会分裂を招くという問題をいち早く指摘し、表現の自由が民主政の自壊をもたらさないための方策を探る。

☆インターネット・コクーンの罠から人々を引っ張り出すには、普段なら目にしない異論の掲載されたサイト、あるいはまったくランダムに選ばれたサイトへと利用者を誘導する「反対意見ボタン」や「セレンディピティ・ボタン」をサイト上に埋め込めばよい。

キャス・サンスティーン
伊達尚美訳
勁草書房
2018年

『シンプルな政府：〝規制〟をいかにデザインするか』

オバマ政権で行政管理予算局情報・規制問題室室長を務めた著者が、そこでの経験をふまえてこれからの行政組織の運営のあり方を問う。繁文縟礼と慣例主義を排して平明かつ無駄のない手法で組織を動かし、人びとに単純明快な指図を提供して直截に政策目的を実現しよう。そのとき、最も頼りになる武器がナッジだった。

☆貧困家庭児童への給食費減免制度が手続きの煩雑さから利用されにくくなっているのなら、対象家庭には自動加入方式でこのサービスを提供すればいい。

キャス・サンスティーン
田総恵子訳
西田亮介解説
NTT出版
2017年

『賢い組織は「みんな」で決める：リーダーのための行動科学入門』

行政機関であれ企業であれ、組織を運営するための熟議は、放っておけば望ましい結論を出してくれるわけではない。大切なのは、熟議の病弊を避けて、多様な意見の衝突がたがいを触発しあい、よりすぐれた合意を生み出すための〝仕掛け〟の設定だ。

☆会議が楽観的な雰囲気に流されそうになってしまうなら、あえて否定的な見解を述べてうわついた空気を引き締める「悪魔の代弁者」役をあらかじめ任命しておこう。

キャス・サンスティーン
田総恵子訳
NTT出版
2016年

『実践 行動経済学：健康、富、幸福への聡明な選択』

今日のナッジ論の出発点であり起爆剤。前提となる行動経済学の理論を二重過程理論から数々の認知バイアスの実例、選択アーキテクチャの概念に至るまでわかりやすく紹介したうえで、貯蓄の推進や臓器提供の促進、婚姻の自由化（法律婚の廃止）等々、多様な政策課題に対する具体的なナッジが提案されている。

☆現行の法律婚制度が同性愛者に不当な負担を負わせていることを考えると、これを廃止して個人の選択だけにゆだねる結婚の自由化を進めてはどうか。どんな人にも婚姻の自由を等しく享受させるナッジとなるだろう。

リチャード・セイラー、キャス・サンスティーン
遠藤真美訳
日経BP社
2009年

『選択しないという選択：ビッグデータで変わる「自由」のかたち』

いまや企業や政府は、ビッグデータを用いたサービスを提供できる時代になった。自分ですべき選択をＡＩに任せたい人も多いようだ。

☆あるネット書店がアルゴリズムを用いて、あなたが欲しがる本を九九％以上の確率で的中させるとします。この場合、本を送りつけて、クレジットカードに代金を請求するというプログラムに、あなたは参加しますか？　不要な本が届いたら、返品とともに全額払い戻しますし、いつでも脱会できます。この質問に対して、被験者の四一％は、「入会する」と答えたという。予測ショッピングには商機があるようだ。

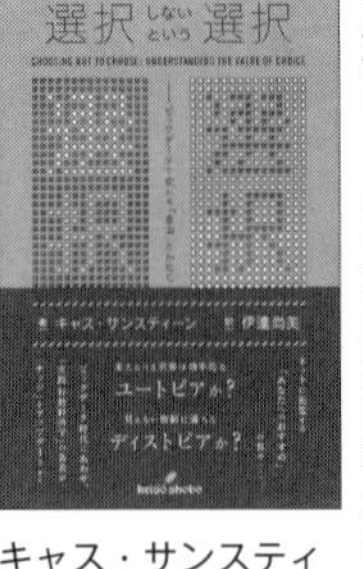

キャス・サンスティーン
伊達尚美訳
勁草書房
2017 年

『ナッジで、人を動かす：行動経済学の時代に政策はどうあるべきか』

最新のデータやアンケート調査にもとづいてナッジ論をアップデート。ナッジの強みと弱みを理解すれば、政策はもっと効果的になる。

☆一九九九年、スイスの電力会社が南ドイツのある地域で、三つの選択肢を提示した。デフォルトとして、環境に配慮した電力供給を設定し（ただし以前の電力料金よりも八％安い）、オプションとして「あまり環境にやさしくない供給（八％安い）」と「もっと環境にやさしい供給（二三％高い）」を設定した。なにも返信しなければ、顧客はデフォルトに従うことになる。すると九四％の人たちがこれにしたがった。

キャス・サンスティーン
田総恵子訳
坂井豊貴解説
NTT 出版
2020 年

［ブックガイド⑪］
基礎理論・思想的背景編

ナッジをめぐる理論と実践は、さまざまな思想的背景、時代診断のなかで形成されてきた。人間の認知システムと合理性をめぐる行動経済学の視点、情報化社会における新しい支配の形態、そのなかでの個人の自律と責任の問い直し……。いまも発展途上の諸思潮のなかでナッジ論をとらえなおすたびに、その意義と限界についての認識も新たなものになるだろう。

『ファスト&スロー：あなたの意思はどのように決まるか？』

心理学者にしてノーベル経済学賞を受賞したカーネマンの代表作。自身の研究全体を、一般向けにわかりやすく解説している。

☆たとえば新入生のその後の成績、新規事業の成否、銀行の信用リスク、労働者の将来の職業満足度、里親の適性評価、若年犯罪者の再犯率、サッカーの勝者、ワインの将来価格などなど。こうした問題について、専門家の直感的判断と統計的アルゴリズムを比較すると、六〇％の確率で、アルゴリズムのほうが圧倒的に的確であった。専門家に意見を仰ぐよりも、統計情報を用いて判断したほうがいいようだ。

ダニエル・カーネマン
村井章子訳
ハヤカワ・ノンフィクション文庫（上・下）、2014年

『CODE VERSION 2.0』

自由の価値を守るためには、市場と法と規範とアーキテクチャという、四つの観点から総合的に規制を考えるべきだと説くダイナミックな提案。

☆迷惑メールをなくすために、メールのプロバイダに対してこれをブロックするように命じても、いたちごっこになるだけである。むしろ政府は懸賞金を設定して、法を遵守しないメールの責任者（送り手ないし広告を頼んだ会社）を通報するインセンティヴを一般市民に与えるといい。あるいはプロバイダに対して、迷惑メールにラベルをつける義務を課すといい。その場合の不足は他の戦略で補うべきかもしれないが。

ローレンス・レッシグ
山形浩生訳
翔泳社
2007年

『啓蒙思想２・０：政治・経済・生活を正気に戻すために』

認知科学や行動経済学の成果を取り入れて、一八世紀に興隆した啓蒙思想の政治的意義をアップデートした野心作。新しいリベラルがここに。

☆民主的な熟議の質を高めるためには、米国では任意に行っているにすぎない大統領と議員のあいだの質疑応答を、必須化するといい。これをテレビで放映すれば、人びとは多くを学ぶことができよう。ただし欠点もある。テレビ放映を導入すると、議論は、「論証と討議」から「短く感情に訴える決め文句」の応酬になってしまう。これを防ぐためには、放送局に対して「一分未満のシーンの再生を禁止」すればいい。

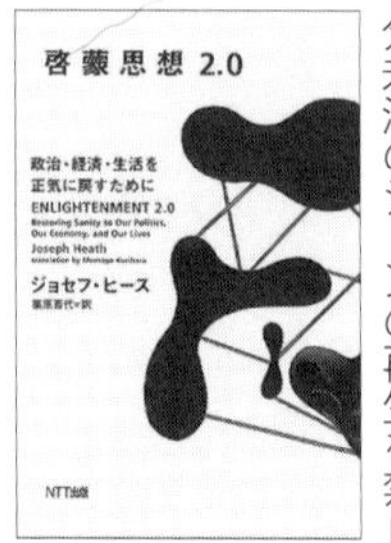

ジョセフ・ヒース
栗原百代訳
NTT出版
2014年

［ブックガイドⅢ］
さまざまな試み編

ナッジ論が最も直接的に影響を与えたのはなんと言っても公共・民間の組織運営にともなう政策の構想、制度設計の領域だった。所定の目的は、従来よりも安価かつ非強権的な仕方で実現できるかもしれない。実際すでに膨大な数のナッジが試されている。実際の試みとその帰結、前提されていた動機や規範の吟味なしに、これからのナッジ論とその実践の深化はありえない。

『世界の行動インサイト：公共ナッジが導く政策実践』

経済協力開発機構（OECD）編著
齋藤長行監訳
濱田久美子訳
明石書店
2018年

行動科学の知見を応用した実験段階のナッジ政策を世界諸国から幅広く集めて紹介した事例集。☆コスタリカのある地域で、水道使用量を請求する際に、同地域の平均使用量を下回った場合は「笑顔」のシールとお祝いの言葉を送り、反対に上回った場合は「泣き顔」のシールと注意の言葉を送ることにした。加えてたとえば、「歯を磨いている間は蛇口を閉める」といったチェック項目を作って、確認するようにうながしたりもした。すると節水の効果があったという。シールやハガキの印刷費用を込みで計算すると、費用便益比は六・五〜一三倍であった。

『環境ナッジの経済学：行動変容を促すインサイト』

経済協力開発機構（OECD）編著
齋藤長行監訳
濱田久美子訳
明石書店
2019年

同じく行動科学の知見を、環境政策に応用した実験段階のナッジの事例集。☆テレビ、洗濯機、電球の三つに、エネルギー効率を示すさまざまなラベルを貼って、その効果を世界九か国で調べてみた。たとえば、A＋＋＋～D、A～G、30～100、0～110などのランクで効率を表示したところ、数字よりもアルファベットを用いた表記の方が、追加的な支払いをして「エネルギー効率のよい製品」を選ぶ消費者の割合が増えることがわかった。また同じアルファベット表記でも、A～GのランクのほうがA＋＋＋～Dのランクよりも効果的であることがわかった。

『医療現場の行動経済学：すれ違う医者と患者』

大竹文雄・平井啓編著
東洋経済新報社
2018年

患者、医療者双方の意思決定や意思疎通を支援、改善するための方策を、行動経済学の知見のなかに探る。健康や命にかかわることなのに医療に関する選択は深刻な過ちを犯しがちだ。がん検診の促進、遺族の後悔、高齢者の意思決定支援、医療過誤を招くバイアスなど、主題は多岐にわたる。

☆風邪に対しては効果が低いはずの抗生剤が安易に処方されることを防ぐため、医師に対し電子カルテ上でその処方の正当性を文章で説明させ、同僚にもこれを読めるようにしたところ、処方を七％減らすことができた。

［ブックガイドⅣ］
「思わぬつながり」編

必要は発明の母、ということだろうか。サンスティーンや行動経済学の展開とは独立に進められてきた研究や実践のなかにも、ナッジ論と深いところで共鳴しあっているものがたくさんある。今後、これらの試みとの交流が進めば、ナッジをめぐる知見や想像力はいっそう広く深くなっていくにちがいない。

『仕掛学：人を動かすアイデアのつくり方』

部屋の片付けから商品の販売促進、ゴミのポイ捨て防止まで、日常の問題解決を優しく楽しくうながす仕組みの実例と基本原理の紹介。著者はＡＩによる意思決定支援の研究者だったが、人の判断・行動の誘因の大半がデータ化されていないことに気づき、そうした「仕掛け」の自覚的設計の研究にとりくむようになった。仕掛学研究会のサイト(https://www.shikakeology.org)もある。

☆手で押して三角柱型に変形させたトイレットペーパーは、円柱型のそれよりも一人当たりの使用量を三〇％も減らすことができた。

松村真宏
東洋経済新報社
2016 年

『不便益：手間をかけるシステムのデザイン』

便利さの追求はほんとうに無条件に望ましい指針なのか。自動車、義手、観光案内等々、不便益の提供を掲げるシステム・デザインの試み。うまく仕組まれた不便さは、その人の積極的な工夫や関与、習熟や主体性、愛着をうながして喜びや自己肯定感を育む。ここにあるのは、使う人の能動的な自律性の感覚を引き出すナッジの数々だ。

☆博物館の展示に際し、わざと詳しい解説文を省き、質問形式の一行キャプションのみを添付すると、一つひとつの展示品への注視時間が長くなった。

川上浩司編著
近代科学社
2017 年

『ソーシャルデザイン実践ガイド：地域の課題を解決する７つのステップ』

問題発見から仕組み作りまで、地域の課題を住民の自主的なとりくみを通じて解決するための方法と実践。豊富な財源があるわけでも、行政などの力に頼れるわけでもない人びとがおもな担い手なのだから、これらの企てのなかにナッジ的な発想が活用されるのは当然かもしれない。

☆災害ボランティアが現場で提供できる技術（医療、力仕事、手話、パソコンｅｔｃ.）を色分けなど用いてわかりやすく表示する「できますゼッケン」を着用することで、被災者とボランティアのコミュニケーションが円滑に進むようになった。

筧裕介
英治出版
2013 年

［読もうかどうか迷っている方、どうぞ］

おわりに ナッジ論の初心とこれから

那須耕介・橋本 努

二〇〇八年六月九日、「リバタリアン・パターナリズム」と題するセミナーが京都大学で開かれた。そうそうたる討論者たちの控えるなか、基調講演の壇上に立ったのはキャス・サンスティーン先生である。彼はこの日終始にこやかに、かつ手際よく、いまではおなじみとなったリバタリアン・パターナリズムの着想と可能性について持論を披露してくれたのだが、講演中、その顔がいっそうほころんだ瞬間があった。それは、まだ上梓されて間もない新著——いうまでもなく、[Thaler & Sunstein 2008] のことだ——に話が及んだときである。

彼がそのとき切り出したのは、例のスキポール空港（オランダ）のトイレの話である。サンスティーン先生は、少し照れくさそうに、しかしとても愉快そうに、男性小便器に貼られたハエのステッカーが、どんなふうにトイレ清掃の手間を軽減してくれたのかについて、私たちに話してくれたのだった。

いま本書を締めくくるにあたって思い出されるのは、あのときのサンスティーン先生のうきうきとした表情である。すぐれたナッジには、どこか人を浮き立たせるところがある。いいナッジを見つけた人、思いついた人は、どうしてあんなにうれしそうな顔をするのだろうか。

もちろんそこに狡猾な支配欲のあらわれをみる人もいるだろう。本書収録の論考が各所で警告するとおり、ナッジには干渉者の思惑どおりに他人を籠絡し、弱みにつけ込んで判断や行動を操ろうとする、あやうい側面がある。その意味ではたしかに、ナッジには最初から周到な管理社会を支える仕掛けとしての側面が刻み込まれていたことは否定できない。

しかしまた、この手品師めいた快感だけをナッジの魅力とみなすのは不公平にすぎるだろう。時にそれは、個人が自分自身をうまく律するための知恵、集団がみずからのふるまいを制御するための技術でもあったはずだ。ナッジの暗黒面に心を奪われる人は、ナッジする人とされる人とがはっきりと切り離され、入れ替え不可能なかたちで固定されてしまった社会のことしか考えていないのではないだろうか。

そこでここではあえて、ナッジ論の初心に潜んでいたはずの（そしていつの間にか見失われそうになっている）もともとの動機に目をむけてみたい。これからのナッジ論を遠望するには、その正邪の予断を控えてその魅力の源に立ち返る必要がある。私たちはいったい何に惹かれて、ナッジの世界に足を踏み入れたのだろうか。

するとそこには、いくつかの快い驚きと洞察がともなっていたことに気づかされる。いいナッジの発見にはいつも、「なんだ、そんなことでいいのか！」という拍子抜けにも似た感嘆がともなう。うまくしつらえられたナッジは、ほんのわずかな働きかけによってめざましい成果を収める。努力のうちに入らないようなささやかな工夫でも、うまくはまれば巨大な権力や財力、理にかなった説得にも動かせなかったものを動かしてしまう。その落差の大きさに、私たちは虚を突かれたような驚きを感じるのだ。

また、このナッジの力がしばしば人の欠点を積極的に活かすことで発揮されることに意外な思いをする人もいるだろう。たとえば、大学入試などの際、受験生に小さな会場を提供することは、試験への集中力を高めさせるナッジとなる。小さな会場の受験生には、自分の競争相手が少数であるかのような勘違いが生じて、過度の緊張を強いられずにすむからだ。こんなふうに、いいナッジを求める人にとって、ナッジされる人の偏見や錯覚、怠惰さは、成果を上げるための資源、働きかけのための梃子の支点にほかならない。微弱な働きかけが相手の協力を誘い出すだけでなく、働きかけられる側の弱さ、愚かさが働きかける側の計略のだいじな構成要素に組み入れられる。ここでは人間の合理性の限界は否定されるべき阻害要因ではなく、歓迎すべきナッジの力の源なのである。

さらに、ナッジの可能性に触れた人は、人や社会を動かす力の所在についての思い込みを改めざるをえない。たくさんの人びとのふるまいを変えるために、政府や大企業、マスメディア、ネット上で名の知られたインフルエンサーたちに頼る必要はない。財力や権力によらない働きかけの方法としてのナッジは、社会変革の担い手のなかに、これまで無力とされてきた一般の人びとを加えるだろう。「ブラジルの蝶の羽ばたきがテキサスで竜巻を引き起こす」というカオス理論の比喩に倣うなら、ナッジ論のなかでは私たちは皆、小さな羽ばたきで広い社会に影響を与える「ソーシャル・バタフライ」でありうるのだ［Sanders & Hume 2019］。

たぶん私たちは、いいナッジの探求と発見を通じて、自他の行動や習慣を変えてその問題解決をはかるための「力」についての固定観念を覆されてきたのだ。それは時に、社会変革の原動力についての価値転倒であり、あるがままの自分たちにもその可能性が開かれているという力能付与（エンパワメント）の自覚でありうる。嬉々として男子小便器のステッカーの話をするサンスティーン先生の口調には、「私たちにはまだまだできることがあったんじゃないかな⁉」という発見とその共有のよろこび――そして大きな困難の克服にはかならず大きな艱難辛苦がともなうはず、という硬直した精神にむけた愛嬌ある批判――が込められていたように思えるのである。

ここから、これからのナッジ論がとりくまざるをえないいくつかの問いがみえてくる。

まず、ナッジという手法の特性をどうとらえ、どう活かしていくのか、という問題がある。それが強制や経済的誘因、説得と合意とは異なる仕方で、しかも当人の選択の余地を広く残すかたちで人の行動や習慣を変えるというとき、私たちはこれをナッジする者による誘導や操作としてとらえるのがいいのか、ナッジされる者への援助や力能付与ととらえるのがいいのか、あるいは両者の一種の共同作業ととらえるべきなのか。一方的な働きかけとも純粋な自発性とも異なる、そのあわいでの行動の変化を導く方法としてナッジをとらえるなら、それは私たちの社会のどんな側面に光をあてることになるのだろう［那須 2019a］。私たちを取り囲むナッジの網の目は、万人がひそかにたがいを道具として利用しあうエゴイストの楽園なのだろうか。それとも否応なく影響を及ぼしあう者たちの相互扶助の実験場なのだろうか。

他方、ナッジが人に対する働きかけの道具である以上、私たちはその目的を問わないわけにいかない。「いい」ナッジを求める人は、ナッジする者、される者、あるいはそれを含めたより広い社会にとって望ましい状態、目指すべき方向にむけて人の行動を導こうとしているのだから、そこにはつねに広い意味での卓越主義的な関心がともなうはずだ。純粋なセルフ・コミットメント（自分ただ一人のための「選択アーキテクチャ」の設計）に自足するのでないかぎり、ナッジの構想は、自己決定権や合意形成といった、いわゆるリベラルな社会の枠組みを踏み越えざるをえない。

たとえば先の「ハエのステッカー」の例は、空港のトイレを利用する男性たちの広範な合意を得てから導入するというのでは不可能だろう。ナッジは合意形成が難しい場合に、当局の判断で上から導入されることがある。あるいは別の例として、労働者の年金の積み立てを企業側がデフォルトで天引きする（あわせてオプトアウトも設ける）というナッジは、雇われる労働者たちがその都度自己決定する負担を減らして、好ましい積み立てを導こうとするものである。これは、人びとの主体的な判断を支援するよりも、あまり自律的に考えなくても人生がうまくいく（最悪の状態を回避する）ように配慮するものだろう。ナッジはこのように、合意形成や自己決定の負担を減らして、個人と社会の関係がうまくいく可能性を模索している。

しかし「もっとうまくいく」という場合の社会の理想とは、どんなものなのか。あらためて問わなければならない。ナッジは、人びとを倫理的に「包摂」してあげるからいいのか、人びとの活動を「活性化」するからいいのか、あるいは人びとをより「健康」にするからいいのか、等々。ナッジのねらいは何か。その目的は、導入の前であれ後であれ、さまざまな機会を作って私たちが議論していかなければならない性質のものだろう。

そして最後に、ナッジという手法に訴えるときに私たちが支払わされる代償のことも忘れるわけにはいかない。ナッジが強制と経済的誘因、説得と合意といった従来の働きかけの手法とは異なる「スマートな」手法であることは、さまざまな懸念と表裏の関係にある。干渉者が負うべき道徳的正当化の負担を軽くしてくれることは、ナッジの美徳であると同時に悪徳でもあるだろう。だまし討ち的な操作やパターナリスティックな管理社会化への懸念はもとより、説明責任の無用化や理にかなった合意形成の回避など、ナッジにはどうしてもその道徳的素性に対する嫌疑がつきまとう。私たちの社会が今後もっと行動科学的に啓蒙される必要があるとして、そこに適切な限界はあるのだろうか。いいナッジの探究もほどほどにして引き返すべき限界点を、私たちはうまく見出せるのだろうか。

二〇〇八年の日本での講演の後、寄せられた批判に応えた短いコメントのなかで、サンスティーン先生は、彼の膨大な研究の中軸に「人間のまちがいやすさ（human fallibility）」への関心がおかれてきたことを率直に述べている［Sunstein 2008］。いうまでもなく、ナッジ論はその代表というべきだろう。本来、人間の弱さと愚かさは、克服することも無視することもできない不治の病のようなものだ。それならばむしろ、人間が個体単独では自足しえない不完全な生き物だという認識を出発点とし、それを（災厄ではなく）一種の恵みとしてとらえなおしてみてはどうか。そこから私たちは、どんな社会像を描けるだろうか。サンスティーン先生のいたずらっぽい笑顔のむこうにあった――それよりはもう少し真剣な――問いを、私たちはいま、そんなふうに受け止めることができるかもしれない。

本書はこれらの問いに十分に答えるものではないが、少なくとも問われるべき問いにいくつかのかたちを与えることはできたのではないかと思う。学問の世界でナッジが論じられてまだ二十年にも満たないが、ナッジ的な実践そのものは人類史全体に及ぶ広がりをもつ。本書を一つの踏石として、多くの人がその魅力と意義に瞠目しながら、しかしそのあやうさに警戒を怠ることなく、ナッジ論の地平を開拓していかれることを期待したい。

＊

本書の企画は、二〇一七年の秋に編者の一人（那須）が得た着想をもとに、これをもう一人の編者（橋本）が批判的産婆役として育てるかたちではじめられた。当初は一年程度の短期間に仕上げる予定であったが、ついにここまでの時間を要してしまった。すべては編者の力不足ゆえである。

構想時の要望をはるかに超える水準の論考を寄せてくださった執筆者諸兄に対しては、この場を借りて深くお詫びと御礼を申し述べさせていただきたい。

また本書企画を進めるにあたり、執筆者の多くにはウェブ上での公開インタビューにも応えていただいた［那須 2019b］。本書の企画編集とあわせてこれらすべての作業を支えてくださったのは、勁草書房の鈴木クニエ氏である。茫漠とした思いつきがこうしてかたちをとるところまで伴走してくださったその驚異的な献身と辛抱強さに、あらためて感謝する次第である。

文献

Sunstein, Cass R., 2008, "On Fallibility: A Replay", in: Morigiwa Yasutomo and Hirohide Takikawa (eds.) *Judicial Minimalism – For and Against: Proceedings of the 9th Kobe Lectures. Tokyo, Nagoya, and Kyoto, June 2008*, pp.91-95.

Thaler, Richard H., Sunstein, Cass R., 2008, *Nudge: Improving Decisions about Health, Wealth, and Happiness*, Yale University Press.［遠藤真美訳 2009『実践行動経済学——健康、富、幸福への聡明な選択』日経BP社］

Sanders, Michael, Hume, Susannah, 2019, *Social Butterflies: Reclaiming the Positive Power of Social Networks*, Michael O'Mara Books Ltd.

那須耕介 2019a「ナッジ――働きかけと自発性のあいだで」αシノドス、vol.259
那須耕介 2019b「めんどうな自由、お仕着せの幸福――サンスティーン先生、熟議のお時間です！」けいそうビブリオフィル（https://keisobiblio.com/author/nudgetalk/）

や行

ら行

は行

ま行

た行

な行

さ行

索　引

※ナッジ、リバタリアン・パターナリズム、行動経済学、サンスティーン、セイラーは頻出語のため、各章初出ページのみを記載。

編者略歴

那須耕介（なす・こうすけ）1967年生まれ。京都大学教授。法哲学。著書に『法の支配と遵法責務』（勁草書房、2020年）、『多様性に立つ憲法へ』（編集グループSURE、2014年）、『現代法の変容』（共著、有斐閣、2013年）、共訳書に『自己責任の時代』（ヤシャ・モンク著、みすず書房、2019年）、『メタフィジカル・クラブ』（ルイ・メナンド著、みすず書房、2011年）、『熟議が壊れるとき』（キャス・サンスティーン著、勁草書房、2012年）ほか。2021年9月逝去。

橋本努（はしもと・つとむ）1967年生まれ。北海道大学大学院経済学研究院教授。経済社会学、社会哲学。著書に『帝国の条件』（弘文堂、2007年）、『自由に生きるとはどういうことか』（ちくま新書、2007年）、『経済倫理＝あなたは、なに主義？』（講談社、2008 年）、『自由の社会学』（NTT出版、2010年）、『解読ウェーバー　プロテスタンティズムの倫理と資本主義の精神』（講談社、2019年）、編著書に『現代の経済思想』（勁草書房、2014年）、訳書にR・メイソン『顕示的消費の経済学』（名古屋大学出版会、2000 年）ほか。

ナッジ!?
自由でおせっかいなリバタリアン・パターナリズム

2020年５月20日　第１版第１刷発行
2023年２月10日　第１版第６刷発行

編著者　那須耕介（なす こうすけ）
　　　　橋本　努（はしもと つとむ）

発行者　井村寿人

発行所　株式会社　勁草書房（けいそう）

112-0005 東京都文京区水道2-1-1　振替 00150-2-175253
（編集）電話 03-3815-5277／FAX 03-3814-6968
（営業）電話 03-3814-6861／FAX 03-3814-6854
堀内印刷所・松岳社

©NASU Kosuke, HASHIMOTO Tsutomu 2020

ISBN978-4-326-55084-5　Printed in Japan

JCOPY <出版者著作権管理機構 委託出版物>
本書の無断複製は著作権法上での例外を除き禁じられています。
複製される場合は、そのつど事前に、出版者著作権管理機構
（電話 03-5244-5088、FAX 03-5244-5089、e-mail: info@jcopy.or.jp）
の許諾を得てください。

＊落丁本・乱丁本はお取替いたします。
ご感想・お問い合わせは小社ホームページから
お願いいたします。

https://www.keisoshobo.co.jp

キャス・サンスティーン
那須耕介編監訳
熟議が壊れるとき　民主政と憲法解釈の統治理論
四六判　三〇八〇円

キャス・サンスティーン
角松生史・内野美穂監訳
恐怖の法則　予防原則を超えて
四六判　三六三〇円

キャス・サンスティーン
伊達尚美訳
選択しないという選択　ビッグデータで変わる「自由」のかたち
四六判　二九七〇円

キャス・サンスティーン
山形浩生訳
命の価値　規制国家に人間味を
四六判　二九七〇円

キャス・サンスティーン
伊達尚美訳
#リパブリック　インターネットは民主主義になにをもたらすのか
四六判　三五二〇円

＊表示価格は二〇二三年二月現在。消費税は含まれております。